岡山善一郎・韓在熙 著

韓国語を学ぶ ②

白帝社

WEB上での音声無料ダウンロードサービスについて

■『韓国語学ぶ2』の音声は、2刷より下記サイトからダウンロードして聞きます。
https://www.hakuteisha.co.jp/news/n49272.html
・スマートフォンからアクセスする場合はQRコードを読み取ってください。

■本文中のCDマークの箇所が音声ファイル(MP3)提供箇所です。
■ファイルはZIP形式で圧縮された形でダウンロードされます。
■ファイルは「すべて」と「各課」ごとに選んでダウンロードすることができます。

※パソコンやスマートフォン(別途解凍アプリが必要)などにダウンロードしてご利用ください。
　ご使用機器、音声再生ソフトに関する技術的なご質問は、各メーカーにお問い合わせください。
　本テキストと音声は著作権法で保護されています。

まえがき

　この本は大学で韓国・朝鮮語の中級を学ぶ学生を対象につくられた教材です。各課の本文や例文の日本語訳、並びにドリル問題の答えは付いていません。その理由は、独りで学習できる参考書と区別するためです。本の内容は予習と復習および授業によって習得できるようにしました。

　この本の編集にあたって、次の点に留意しました。

1) 各課の本文と例文は話し言葉を中心に編集し、会話中心の授業に適した教材となるようにしました。

　各課の最初に提示した本文は、その課で学ぶ文法事項に沿った会話文であり、「会話」と「話してみましょう」は、その課で学ぶ文法事項を取り入れた場面中心の会話文となっています。多様な会話文を挿入することによって、その課で学んだ表現を運用し、さらに幅広い韓国・朝鮮語の表現ができるようになると確信しています。

2) 各課の最後に練習問題であるドリルを配列し、答え合わせをしながら学習事項がきちんと習得できているか確認できるようにしました。

　ドリル問題はその課の学習事項の復習でもあり、応用問題でもあるので、課題用としても活用できます。

3) 文法については、ハングル能力検定協会出版の『ハングル検定公式ガイド』に基づき、ハングル検定3級レベルの文法を約7割、同じく4級レベルの文法を約3割の割合で配分しました。

　このテキストの初級編である『朝鮮語を学ぶ』(白帝社刊)の学習事項と本中級編の学習事項がいくつか重なるところがありますが、それらは特に繰り返し練習してほしい文法事項なので中級でも敢えて取り上げました。

4) 各課の「新しい語彙」は、中級レベルの語彙に限りました。これらの語彙をまとめて付録に収録し、単語帳のように活用できるようにしました。

そして、この本の編集には、油谷幸利、門脇誠一ほか共編の『朝鮮語辞典』(小学館、1993年)、白峰子著、大井秀明訳『韓国語文法辞典』(三修社、2004年)、孫洛範編『日韓・韓日慣用語辞典』(国際大学付設人文社会科学研究所　1978年)などを参考にしました。

　最後に、この本の刊行にあたり、快諾下さった白帝社社長佐藤康夫氏、お世話になった伊佐順子氏に対し、心から御礼を申し上げます。

2011年11月

著　者

目 次

第1課　공항에 도착하면 바로 전화드릴게요.(空港に着いたらすぐ電話いたします。) …… 2
　1　−(으)ㄹ게요　−(し)ます/−(し)ますからね/−(し)ますよ
　2　−(으)ㄹ래요　−(し)ます/−(し)ますよ/−(し)ますか
　3　−(으)ㄹ 거예요　−(する)つもりです/−(する)でしょう
　4　−기로 하다　−(する)ことにする

第2課　서울은 추우니까 따뜻하게 입고 가세요.
　　　　(ソウルは寒いから厚着して行ってください。)……………………………………… 6
　1　−아/어/여서　−(し)て/−くて/−ので、−(이)라서　−なので
　2　−(으)니까　−(する)から/−(する)と
　3　−게　−(する)ように/−く/−に

第3課　집들이 선물로 시계를 사려고 해요.
　　　　(引越し祝いのプレゼントに時計を買おうと思います。)………………………………… 10
　1　−(으)려고 하다　−(し)ようと思う(する)/−(し)そうだ
　2　−(이)든지　−でも/−であれ
　　　−든지　−(し)ようが/−するとか
　　　−든지 말든지(간에)　−(し)ようがしまいが/−であろうがなかろうが
　3　−기　−(する)こと/−であること/−さ

第4課　김치가 없으면 왠지 허전하거든요.
　　　　(キムチがなければなんだか物足りないんですよ。)………………………………… 14
　1　−거든　−(す)れば/−なら
　　　−거든요　−なんですよ/−(する)んですよ
　2　−지요　−ですよ/−ますよ
　3　−지요?　−でしょう?
　4　−네요　−ですね/−ますね
　5　頻度を表す副詞：전혀　별로　가끔　자주/잘　항상/늘　全然　あまり　時々　よく　いつも

第5課　한국어 발음이 점점 좋아지네요.（韓国語の発音がますます良くなっていますね。）… 18
　1　-아/어/여지다　　-くなる/—れる/-られる
　2　-뿐만 아니라、-(으)ㄹ 뿐만 아니라　　-だけではなく、-(する)だけではなく
　3　-(으)ㄴ 지　　-(し)てから
　4　日本語の助詞「に」が韓国・朝鮮語では「을/를」に変わる表現

第6課　논문을 쓰기 위해서 읽을 책이에요.（論文を書くために読む本です。）………… 22
　1　-는(動詞の現在連体形)
　2　-(으)ㄴ(動詞の過去連体形)
　3　-(으)ㄴ(形容詞の連体形)
　4　-(으)ㄹ(未来及び推量の連体形)　　-(す)る、-(す)べき、-である
　5　-던/-았/었/였던(過去回想)　　-だった、-かった、-(し)ていた

第7課　이 건물 3층 307호실입니다.（この建物の3階 307号室です。）…………………… 26
　1　漢数字の活用
　2　固有数字の活用

第8課　와카메는 한국말로 미역이라고 합니다.（ワカメは韓国語で미역と言います。）…… 30
　平叙文の間接話法、疑問文の間接話法
　1　-(이)라고 하다　　-という
　2　-다고/ -는/ㄴ다고 하다　　-だという/という
　3　-았/었/였다고 하다　　-(し)たという
　4　-(느)냐고/ -(으)냐고 하다　　-かという

第9課　동료들이 넥타이를 선물하자고 해요.
　　　（同僚達がネクタイをプレゼントしようと言います。）……………………………… 34
　勧誘文の間接話法、命令文の間接話法
　1　-자고 하다　　-(し)ようという
　2　-(으)라고 하다　　-(し)ろという/-(し)なさいという
　3　-달라고 하다　　-くれという　　-주라고 하다　　-あげろという/-あげなさいという
　4　-을/를 비롯해서　　-をはじめとして

第10課 　예약을 다음 주로 변경해도 됩니까? (予約を来週に変更しても良いですか?) …… 38
　　1 －아/어/여도 되다　－(し)てもよい
　　2 －아/어/여도　－(し)ても
　　3 －(이)라도　－でも/－であっても
　　4 －아/어/여야　－(し)てこそ

第11課 　문이 열리지 않습니까? (ドアが開けられないですか?)……………………………… 42
　　1 受身表現 「이・히・리・기」などの接尾辞がつく場合　－れる/－られる
　　2 「－아/어/여 지다」がつく場合
　　3 「받다/되다/당하다」がつく場合
　　4 －아/어/여 보이다　－に/く見える

第12課 　내일 5시 쯤에 깨워 드릴까요? (明日5時頃に起こしてさしあげましょうか?) …… 46
　　1 使役表現 「이・히・리・기・우・구・추」の接尾辞がつく場合　－せる/－(さ)せる
　　2 「－게 하다/만들다/시키다」がつく場合　－せる/－(さ)せる/－ようにする
　　3 －는/－(으)ㄴ 만큼　－(する)くらい/だけ

第13課 　무엇보다도 단어를 외워야 합니다. (何よりも単語を覚えなければなりません。) … 50
　　1 －아/어/여야 하다　－(し)なければならない
　　2 －을/를 위해서　－のために
　　3 －기 위해서　－(する)ために
　　4 －에 있어서　－において
　　5 －기 시작하다　－(し)始める

第14課 　한국의 전통놀이에 대해서 쓰려고 해요.
　　　　 (韓国の伝統遊びについて書こうと思います。) ………………………………… 54
　　1 －에 대해서/관해서　－に対して/関して/ついて
　　2 －에 대한/관한　－に対する/関する/ついての
　　3 －에 비해서　－に比べて
　　4 －에 의해서/－에 의하면/－에 의한　－によって/－によると/－による
　　5 接続詞：그러므로　それゆえ、したがって、その他の接続詞

第15課　일찍 일어나야 하니까 일찍 자라.
　　　　（早く起きなければならないから早く寝なさい。） ……………………………… 58

　■1 命令文： －아/어/여라, －아/어/여, －게, －아/어/여요, －(으)세요/십시오
　　　 －(し)ろ/－(し)てください
　■2 「말다」否定命令形：－지 말아라/마세요/마십시오　－(する)な/－(し)ないでください
　■3 (勧誘形)－지 말자/맙시다　－(し)ないようにしよう/しましょう
　■4 －(으)ㄹ 테니까　－(する)つもりだから/－(する)はずだから/－はずだから

第16課　설날에 무엇을 먹는지 아세요?（お正月に何を食べるのかご存じですか?）…… 62

　■1 －는/－(으)ㄴ지/　－だろうか/－か/－やら
　■2 －(으)ㄹ지도 모르다　－かもしれない
　■3 －는/－(으)ㄴ/－(으)ㄹ 것 같다　－のようだ/－みたいだ/－そうだ

第17課　어제부터 목이 좀 아프고 머리도 아파요.（昨日から喉が少し痛くて頭も痛いです。）… 66

　■1 －고　－で/－(し)て/－くて/－(し)てから
　■2 －았/었/였더니　－(し)たら/－(し)たが

第18課　아이들은 팽이 치기나 연 날리기를 해요.（子ども達はこま回しやたこ揚げをします。）… 70

　■1 －(이)나　－や/－か
　■2 －거나　－(する)か/－(し)たり
　■3 －(이)란　－とは/－というものは、
　■4 －(이)야말로　－こそ
　■5 －(으)로서/－(으)로써　－として、－であって/－で/－でもって/－を使って
　■6 －조차　－すら
　■7 －커녕/－(은)는 커녕　－どころか/－はおろか

第19課　수입은 적은 데 지출이 늘어 나네요.（収入は少ないのに支出が増えますね。）…… 74

　■1 －는/－(으)ㄴ데　－だが/－だから/－なのに/－なんだが/－のに
　■2 －는/－(으)ㄴ데요　－ですが/－ですね
　■3 日を数えるときの固有数字
　■4 －는/ㄴ다/－다면서요　－だそうですね

第20課　축구를 하다가 다리를 다쳤어요. (サッカーをしていて足をけがしました。) ……… 78

1. －다가　－に
2. －아/어/여다가　－(し)て／－(し)ていて／－(し)てから
3. －다가　－(し)かけて／－(する)途中
4. －았/었/였다가　－(し)てから
5. －을/를 통해서/통하여　－を通じて／－を通して
6. －는/－(으)ㄴ 반면에　－(する)反面

◇単語まとめ……………………………………………………… 82
◇不規則活用……………………………………………………… 86
◇付録　既習文法のまとめ……………………………………… 87

参考文献

油谷幸利　門脇誠一　松尾勇　高島淑郎　編『朝鮮語辞典』小学館　韓国・金星出版社
　　　　　1993.1
白峰子　著　大井秀明　訳　野間秀樹　監修『韓国語文法辞典』三修社　2004.9
孫洛範　編『日韓・韓日慣用語辞典』国際大学付設人文社会科学研究所　1978.4

著者　岡山善一郎・韓在熙

韓国語を学ぶ 2

第1課　공항에 도착하면 바로 전화드릴게요.

学習事項

1. −(으)ㄹ게요　　−(し)ます/−(する)からね/−(する)よ
2. −(으)ㄹ래요　　−(し)ます/−(する)よ/−(し)ましょうか
3. −(으)ㄹ 거예요　−(する)つもりです/−(する)でしょう
4. −기로 하다　　　−(する)ことにする

1　A : 이번에 한국에 오시면 연락주세요.
　　B : 네, 공항에 도착하면 바로 전화드릴게요.

2　A : 이달 말에 이사하기로 했어요.
　　B : 그래요? 제가 도와 드리러 갈게요.

3　A : 내일은 휴일인데 야외로 드라이브 가실래요?
　　B : 미안해요. 좀 피곤해서 집에서 쉴래요.

4　A : 7시까지 오실 수 있어요?
　　B : 아마 그 시간까지는 도착할 수 있을 거예요.

発音上の注意

＊연락 →「열락」流音化　　＊도착할 수 →「도차칼 쑤」激音化・濃音化

新しい語彙

- 공항　空港
- 드라이브　ドライブ
- 도착　到着
- 야외　野外
- 한 턱 내다　おごる、ご馳走する
- 모임　集まり
- 대표　代表
- 리포트　レポート
- 이따가　後で

1 -(으)ㄹ게요 〈−(し)ます/−(し)ますからね/−(し)ますよ〉話し手の意志を表明する。'게'の発音は'께'と発音するので注意。

> 例文　① 제가 자세하게 설명해 드릴게요.
> ② 오늘 저녁은 내가 한 턱 낼게요.
> ③ 조금만 깎아 드릴게요.

2 -(으)ㄹ래요 〈−(し)ます/−(する)よ/−(し)ますか〉
話し手の意志を表したり、聞き手の意志を問う。意図を表す。

> 例文　① 저랑 같이 가실래요?
> ② 전 비빔냉면을 먹을래요.
> ③ 사전 좀 빌려 줄래요?

3 -(으)ㄹ 거예요 〈−(する)つもりです/−(する)でしょう〉
1) 自分の意志を表したり、相手の意思を尋ねる。

> 例文　① 내년 봄에는 꼭 결혼식을 올릴 거예요.
> ② 이번 모임에는 참가하실 거예요?

2) 可能性・推量を表す。

> 例文　① 두 사람은 각자 제 갈 길을 갈 거예요.
> ② 이번 채용시험에는 좋은 결과가 있을 거예요.

> 注意 :「-(으)ㄹ게요」、「-(으)ㄹ래요」、「(으)ㄹ 거예요」の例文の比較
> ① 제가 갈래요./뭐 마실래요?
> ② 제가 갈게요.
> ③ 제가 갈 거예요./같이 갈 거예요?/그 분도 가실 거예요.

4 -기로 하다 〈−(する)ことにする〉
決定・決意などを表す。「기로」の後ろには「하다(する)」の他にも「정하다(決める)、결심하다(決心する)、마음먹다(心を決める)」などを用いる。

> 例文　① 오늘부터 일찍 자고 일찍 일어나기로 했어요.
> ② 방학 동안 봉사활동을 하기로 했어요.
> ③ 돈을 아껴쓰기로 결심했어요.

会話 1

A : 수미 씨, 수업 끝나고 시간있어요?

B : 수업은 4시반에 끝나는데, 왜요?

A : 제 리포트 숙제 좀 도와 주실래요?

B : 네, 좋아요. 어디서 만날까요?

A : 5시에 도서관 입구에서 만나요.

B : 네, 알았어요. 그럼 이따가 5시까지 갈게요.

発音上の注意

* 끝나고 → 「끈나고」 鼻音化
* 숙제 → 「숙쩨」 濃音化
* 입구 → 「입꾸」 濃音化

話してみましょう。

A : _____ 씨, 수업 끝나고 시간있어요?

B : 수업은 _____ 에 끝나는데, 왜요?

A : 제 _____ 을/를 도와 주실래요?

B : 네, 좋아요. 어디서 만날까요?

A : _____ 에 _____ 에서 만나요.

B : 네, 알았어요. 그럼 이따가 _____ 까지 갈게요.

ドリル 1

1「-(으)ㄹ게요」を用いて、文を完成させなさい。
　① 역 중앙 출구 앞에서 ＿＿＿＿＿＿＿＿＿＿＿＿＿＿＿＿＿＿＿＿(기다리다)
　② 피곤하니까 집에서 ＿＿＿＿＿＿＿＿＿＿＿＿＿＿＿＿＿＿＿＿＿(쉬다)
　③ 이따가 일 끝나고 ＿＿＿＿＿＿＿＿＿＿＿＿＿＿＿＿＿＿＿＿(전화하다)
　④ 밖이 시끄러우니까 문 좀 ＿＿＿＿＿＿＿＿＿＿＿＿＿＿＿＿＿(닫다)

2「-(으)ㄹ래요」を用いて、文を完成させなさい。
　① 수미 씨, 뭐 ＿＿＿＿＿＿＿＿＿＿＿＿＿＿＿＿＿＿＿＿＿？ (마시다)
　② 사전 좀 ＿＿＿＿＿＿＿＿＿＿＿＿＿＿＿＿＿＿＿＿＿＿？ (빌려 주다)
　③ 전 졸업식 때 한복을 ＿＿＿＿＿＿＿＿＿＿＿＿＿＿＿＿＿(입다)
　④ 집에서 음악이나 ＿＿＿＿＿＿＿＿＿＿＿＿＿＿＿＿＿＿＿(듣다)

3 次の質問について、「-(으)ㄹ 거예요」を用いて、答えなさい。
　① 내일 아침 몇 시에 일어날 거예요?
　　→
　② 이번 주말에 뭐 할 거예요?
　　→
　③ 내일 날씨가 어떨까요?
　　→
　④ 서울에 가면 무엇부터 할 거예요?
　　→

4 日本語に訳しなさい。
　① 제가 통역해 드릴게요.
　② 한국에 가면 꼭 삼계탕을 먹어 볼 거예요.
　③ 감자탕은 아마 무척 매울 거예요.
　④ 앞으로 열심히 공부하기로 했어요.
　⑤ 이번에 한국어 검정시험을 보기로 했어요.

5 韓国語に訳しなさい。
　① 今日の夕ご飯は私がおごります。
　② 今夜は雨が降るでしょう。
　③ 時間が無いからタクシーで行きましょうか?
　④ これから遅刻しないことにしました。
　⑤ 来年にアメリカに留学することにしました。

第2課 서울은 추우니까 따뜻하게 입고 가세요.

学習事項

1. -아/어/여/워서　-(し)て/-くて/-ので　-(이)라서　-なので
2. -(으)니까　-(する)から/-(する)と
3. -게　-(する)ように/-く/-に

1　A: 내일 아침 비행기로 서울에 가요.
　　B: 서울은 추우니까 따뜻하게 입고 가세요.

2　A: 왜 지각했어요?
　　B: 죄송해요. 어제 늦게까지 일을 해서 늦잠을 잤어요.

3　A: 서울역까지 택시 탈까요?
　　B: 여기서 가까우니까 천천히 걸어 가죠.

4　A: 이 가방은 가죽 제품이라서 비싸요. 칠만 오천원이에요.
　　B: 조금만 싸게 해 주세요.

発音上の注意

＊따뜻하게 → 「따뜨타게」 激音化　　＊늦잠 → 「늗짬」 濃音化

＊천천히 → 「천처니」 ㅎ弱音化・連音化

新しい語彙

- 늦잠　朝寝坊
- 가죽 제품　革の製品
- 천재　天才
- 추석　中秋(陰暦8月15日)
- 보약　漢方薬
- 제　漢方薬を数える単位(1剤は20包)
- 세다　強い、激しい
- 자세하다　詳しい
- 엄하다　厳しい

1 用言＋－아/어/여서〈－(し)て/－くて/－ので〉、名詞＋－(이)라서〈－なので〉
　1) 先行行為を表わす。
　例文　① 백화점에 가서 옷을 샀어요.
　　　　② 그녀를 만나서 영화를 보고 식사를 했어요.
　　　　③ 일단 앉아서 이야기할까요?
　2) 原因・理由・根拠などを表わす。
　例文　① 오늘은 약속이 있어서 먼저 실례합니다.
　　　　② 한 동안 소식을 몰라서 걱정하고 있었어요.
　　　　③ 기말시험이라서 도서관에서 공부를 해요.
　3) 副詞的に使われ、'－のころ'の意を表わす。
　例文　① 그는 어려서는 천재라고 불리며 유명했었어요.
　　　　② 젊어서 고생은 사서 한다는 말이 있어요.

2 －(으)니까〈－(する)から/－(する)と〉
　1) 理由・原因を話手が主観的に述べる。
　例文　① 그 백화점은 너무 비싸니까 다른 데서 사세요.
　　　　② 오늘은 바쁘니까 내일 다시 전화해 주시겠어요?
　2) 後に続く状況の前置きを表わす。
　例文　① 서서 일하니까 다리가 아파요.
　　　　② 창문을 여니까 첫눈이 내리고 있었어요.

☛「－아/어/여서」と「－(으)니까」の例文の比較
　1)「－(으)니까」の後続文には勧誘形や命令形が多く用いられる。
　　・날씨가 좋아서 산책합시다. (×)　・날씨가 좋으니까 산책합시다. (○)
　2)「－(으)니까」の後続文には、「고맙다, 감사하다, 미안하다, 죄송하다」の表現
　　を使わない。
　　・약속 시간에 늦어서 죄송합니다. (○)
　　・약속 시간에 늦으니까 죄송합니다. (×)
　3)「－아/어/여/서」は過去補助語幹았/었/였と一緒に使えないが、「－(으)니까」
　　は一緒に使える。
　　・한국에 오래 살았어서 한국어를 잘해요. (×)
　　　⇒ 한국에 오래 살아서 한국어를 잘해요. (○)
　　・한국에 오래 살았으니까 한국어를 잘해요. (○)

3 −게〈−するように/−く/−に〉
形容詞の語幹に「게」を付けると副詞形に変わる。

例文 ① 어제는 오래간만에 정말 즐겁게 놀았어요.
② 그렇게 어렵게 말하지 말고 쉽게 말하세요.

会話 2

A: 유키 씨, 이번 주말에 뭐 할 거예요?
B: 부모님 생신이라서 고향 부모님을 찾아 뵙기로 했어요.
A: 그래요? 선물은 무엇으로 준비했어요?
B: 요즘 부모님이 몸이 좀 안 좋으시니까 이번엔 보약을 한 제 해 드리기로 했어요.
A: 부모님께서 아주 기뻐하시겠어요.

発音上の注意

* 연휴→「여뉴」ㅎ弱音化・連音化　　* 어떻게→「어떠케」激音化
* 뵙기로→「뵙끼로」濃音化

話してみましょう。

A: _____씨, _____에 뭐 할 거예요?
B: _____기로 했어요.
A: 그래요? _____은/는 무엇으로 준비했어요?
B: _____(으)니까 _____
_____기로 했어요.
A: _____아주 기뻐하시겠어요.

ドリル 2

1 例のように、「-아/어/여서、-(으)니까」を用いて、一つの文を作りなさい。

例 비가 옵니다. 다음에 갑시다. → 비가 오니까 다음에 갑시다.
① 점심 때가 되었습니다. 식사하러 갑시다. →
② 아침에 눈을 뜹니다. 8시였습니다. →
③ 어제는 너무 피곤했습니다. 일찍 잤어요. →
④ 영화가 너무 슬픕니다. 울었습니다. →
⑤ 옷이 너무 큽니다. 바꿔 주세요. →
⑥ 실내가 너무 어둡습니다. 불을 켜 주세요. →
⑦ 늦게 왔습니다. 죄송합니다. →
⑧ 바람이 세게 붑니다. 창문을 닫아 주세요. →
⑨ 내일 만납니다. 이야기합시다. →
⑩ 숙제가 많았습니다. 잠을 못 잤어요. →

2 「-게」を用いて文を完成させ、日本語に訳しなさい。

① 내용을 ＿＿＿＿＿＿＿＿(자세하다) 써 주세요.
　→
② 학생들이 ＿＿＿＿＿＿＿＿(이해할 수 있다) 설명해 주십니다.
　→

3 日本語に訳しなさい。

① 머리가 아파서 조금 쉬고 싶어요.
② 선생님이 너무 엄하셔서 항상 긴장돼요.
③ 저는 모르는 게 많으니까 가르쳐주세요.
④ 뉴스는 정확하고 빠르게 전달되어야 합니다.
⑤ 문장은 간단하고 명확하게 써야 합니다.

4 韓国語に訳しなさい。

① 彼と直接会って話をします。
② 時間がないので急いでください。
③ 道が混むから電車で行きましょう。
④ 赤ちゃんが寝ているから静かにしなさい。
⑤ 大きく書いてください。

第3課　집들이 선물로 시계를 사려고 해요.

学習事項

1. －(으)려고 하다　　－(し)ようと思う(する)／－(し)そうだ
2. －(이)든지　－でも／－であれ　　　　－든지　－(し)ようが／－(する)とか
   －든지 말든지(간에)　－(し)ようがしまいが／－であろうがなかろうが
3. －기　－(する)こと／－(である)こと／－さ

1　A : 백화점에 웬일이세요?
　　 B : 과장님 집들이 선물로 시계를 사려고 해요.

2　A : 이번 주 토요일에 뭐 하실 거예요?
　　 B : 오랜 만에 할머니 댁에 가려고 해요.

3　A : 앞으로는 무슨 일이든지 저에게 상담하세요.
　　 B : 네, 말씀만으로도 정말 감사합니다.

4　A : 불경기라서 신입사원 채용률이 낮아졌다고 들었는데, 취직활동 잘 되세요?
　　 B : 서울이든 부산이든 일자리만 있다면 어디든지 가려고 해요.

5　A : 한국어 공부하기가 어때요?
　　 B : 말하기하고 쓰기는 쉬운데 듣기가 좀 어려워요.

発音上の注意

* 웬 일→「웬 닐」ㄴ追加　　　* 집들이→「집뜨리」濃音化・連音化
* 채용률→「채용뉼」鼻音化

新しい語彙

- 웬일　どんな用　・집들이　引越し祝いパーティー　・떨어지다　下がる、落ちる
- 퇴직　退職　・시골　田舎　・구름이 끼다　雲がかかる　・상관　関係、関わり
- 배낭여행　バックパッカー・バックパッキング

1 −(으)려고 하다 〈−(し)ようと思う(する)〉
  1) 動作動詞に付いて意図を表わす。話しことばでは、しばしば「할려고 하다」のような形でも用いる。
  例文　① 토요일에 생일 파티를 하려고 해요.
　　　　② 사법고시에 합격해서 변호사가 될려고 해요.
　　　　③ 퇴직하면 시골에서 살려고 해요.
  ・「하다」を省略し、「−(으)려고」、「−(으)려고요」の形でも用いる。
  例文　비가 와도 가려고요.

  2) 無意志動詞に付き、'−しそうである'の意を表わす。
  例文　① 갑자기 구름이 끼고 비가 오려고 해요.
　　　　② 새 싹이 나오려고 해요.

2 −(이)든지 〈−でも/−であれ〉：'−(이)든'は短縮形
  1) 疑問詞とともに用いて全面的に肯定する意を表す。
  例文　① 시간이 나면 언제든지 연락주세요.
　　　　② 어디든지 좋으니까 여행 좀 다녀왔으면 좋겠어요.

  2) 体言に付き　−でも
  例文　① 산이든지 바다든지 (간에) 피서 한번 가죠.
　　　　② 빵이든지 라면이든지 (간에) 먹고 합시다.

  3) 用言に付き　−(し)ようが
  例文　① 그 사람이 부산으로 가든(지) 서울로 가든(지) 전 전혀 관심이 없어요.
　　　　② 그녀가 결혼하든(지) 혼자 살든(지) 결정하는 것은 그녀 자신입니다.

  4) −든지 말든지(간에)の形で　−(し)ようが(し)まいが
  例文　① 그 사람이 오든지 말든지 그건 중요하지 않아요.
　　　　② 공부를 하든지 말든지 (간에) 전 이제 상관하지 않을 거예요.

3 −기 〈−(する)こと/−(である)こと/−さ〉
用言の語幹に付き、名詞形をつくる。「−기(가) 쉽다/어렵다/힘들다/좋다」などの慣用的な表現としてよく使われる。

例文　① 이 음식은 부드러워서 이가 약해도 먹기 좋아요.
　　　② 이 책은 글자가 커서 읽기(가) 쉬워요.

会話 3

A : 유키 씨, 여름방학 계획 있어요?
B : 네, 친구들하고 배낭여행을 하려고 해요.
A : 어디로 가려고요?
B : 오사카에서 부산까지 배로 가서 동해안 일주를 하려고 해요.
A : 그래요? 생각만 해도 즐거운 여행이 될 것 같네요.

発音上の注意

＊일주→「일쭈」濃音化　　＊생각만→「생강만」鼻音化
＊같네요→「간네요」鼻音化

話してみましょう。

A : ＿＿＿＿＿＿씨, 여름방학 계획 있어요?
B : 네, ＿＿＿＿＿＿하고 ＿＿＿＿＿＿＿＿(으)려고 해요.
A : 어디로 가려고요?
B : ＿＿＿＿＿＿에서 ＿＿＿＿＿＿까지＿＿＿＿＿＿(으)로 가서 ＿＿＿＿＿＿(으)려고 해요.
A : 그래요? 생각만 해도 즐거운 여행이 될 것 같네요.

ドリル 3

1 例文にならって、「-(으)려고 하다」を用いて、文を作りなさい。
   例 은행에서 돈을 찾다. → 은행에서 돈을 찾으려고 해요.
   ① 선생님께 편지를 쓰다. →
   ② 논문에 필요한 자료를 모으다. →
   ③ 졸업식에 한복을 입다. →
   ④ 감기가 들어서 콧물이 나오다. →
   ⑤ 눈이 오고 바람이 불다. →

2 次の文を、「-(이)든지, -든지 말든지, -든지」を用いて、文を完成させなさい。
   ① 부모님은 자식의 행복을 위해서라면 얼마 _____ 희생을 하려고 한다.
   ② 그 회사 제품이라면 뭐_____ 다 좋아요.
   ③ 네가 무슨 일을 _____(하다) 난 간섭하지 않겠다.
   ④ 어느 대학_____ 좋으니까 합격만 했으면 좋겠어요.
   ⑤ 이번 경기에서 _____(이기다) _____(지다) 결과는 그렇게 중요하지 않다.
   ⑥ 우리 연구회는 관심있는 분이라면 누구 _____ 참가할 수 있습니다.
   ⑦ 그 사람이 돈이 _____(있다) _____(없다) 상관하지 않아요.
   ⑧ 주말에는 주로 집에 있으니까 언제 _____ 시간 낼 수 있습니다.
   ⑨ 전 한국요리라면 무엇_____ 잘 먹습니다.
   ⑩ 제가 메일을 _____(보내다) _____(전화하다) 연락할게요.

3 日本語に訳しなさい。
   ① 한국의 유명한 절을 안내하려고 합니다.
   ② 사물놀이에 관심있는 사람이라면 누구든지 환영합니다.
   ③ 일요일은 언제든지 시간을 낼 수 있습니다.
   ④ 어디를 가든지 항상 건강해라.
   ⑤ 이 책은 전문용어가 많아서 이해하기 어려워요.

4 韓国語に訳しなさい。
   ① 両親に手紙を送ろうと思います。
   ② 今度の集まりでは韓服を着ようと思います。
   ③ どんな仕事でも一生懸命しようと思います。
   ④ 電話でもメールでも良いから連絡してください。
   ⑤ ここは住みやすいです。

第4課 김치가 없으면 왠지 허전하거든요.

学習事項

1. －거든　－(す)れば/－なら　　－거든요　－なんですよ/－(する)んですよ
2. －지요　－ですよ/－ますよ　　3. －지요?　－でしょう?/－ですよね?
4. －네요　－ですね/－ますね
5. 頻度を表す副詞：전혀　별로　가끔　자주/잘　항상/늘　全然　あまり　時々　よく　いつも

1　A : 죄송하지만, 김선생님이 오시거든 이 메모를 전해주시겠어요?
　　B : 네, 알겠습니다.

2　A : 식사를 하실 때 항상 김치를 드세요?
　　B : 네, 식탁에 김치가 없으면 왠지 허전하거든요.

3　A : 서울은 물가가 비싸지요?
　　B : 네, 그래서 생활비가 많이 들어요.

4　A : 이 요리는 삼계탕이라고 합니다.
　　B : 정말 맛있네요.

5　A : 무슨 운동을 하세요?
　　B : 저는 주말에 가끔 골프를 쳐요.

発音上の注意

*맛있네요 →「마신네요」連音化・鼻音化　　*물가 →「물까」濃音化

新しい語彙

- 허전하다　物足りない、心寂しい
- 물가　物価
- 싱겁다　味が薄い

1 −거든〈−(す)れば/−なら〉、−거든요〈−なんですよ/−(する)んですよ〉
　1) −거든　条件を表し、後続する文には命令形や勧誘形が用いられる。
　例文　① 기다리는 사람이 많거든 그냥 돌아와라.
　　　　② 비가 그치거든 출발합시다.
　2) −거든요　話し手の意志を強く表したり、根拠を述べる。
　例文　① 집에 일이 있어서 빨리 가야 하거든요.
　　　　② 늦어서 죄송합니다. 길이 많이 막혔거든요.

2 −지요〈−ですね/−ますね〉
　話し手が聞き手に対して自分の考えや意志を柔らかく伝える。また、尊敬の補助語幹시と一緒に使われると丁寧な命令形語尾になる。
　例文　① 그 분께는 감사의 마음으로 선물해야겠지요.
　　　　② 이번에는 제가 가도록 하지요.
　　　　③ 여기에 앉으시지요.

3 −지요?〈−でしょう?/−でしょうね?〉、−(이)지요?〈名詞＋−なんでしょう?〉
　話し手の判断を伝えたり、意志を表わす。また、聞き手の同意を求める。
　例文　① 서울은 부산보다 춥지요?
　　　　② 한글 검정시험1급은 매우 어렵지요?
　　　　③ 경복궁은 조선을 대표하는 궁전이지요?

4 −네요〈−ですね/−ますね〉
　感嘆を表す。柔らかい感じを与える表現になる。
　例文　① 이 드레스 멋있네요.
　　　　② 오늘은 정말 덥네요.

☞ −지요と−네요の違い
　例文　① 대학생이지요.　　　・대학생이네요.
　　　　② 지금 출발하지요.　・지금 출발하네요.
　　　　③ 비가 오지요.　　　・비가 오네요.

5 頻度を表す副詞：전혀 별로 가끔 자주 항상〈全然　あまり　時々　よく　いつも〉
・頻度の割合：0%＿＿＿＿＿＿＿＿＿＿＿＿＿＿＿＿＿＿＿＿＿100%
　　　　　　　전혀　　별로　　　가끔　　　자주/잘　　항상/늘
　　　　　　　「전혀」と「별로」の後ろは否定形になる。

例文　① 저는 항상 조깅을 해요.
　　　② 주말에 가끔 영화를 보러 가요.
　　　③ 요즘 바빠서 운동을 전혀 못하고 있어요.

会話 4

A : 수미 씨는 자주 먹는 음식이 뭐예요?

B : 저는 식사할 때마다 항상 김치를 먹어요.
김치가 없으면 왠지 허전하거든요.
하루카 씨는요?

A : 저는 항상은 아니지만 낫또가 가끔 먹고 싶어져요. 수미 씨는 낫또 먹을 수 있어요?

B : 네, 친구한테 맛있게 먹는 법을 배워서 가끔 먹어요.

発音上の注意

＊먹는 →「멍는」鼻音化　　＊맛있게 →「마싣께」連音化・濃音化

話してみましょう。

A : _____씨는 자주 _____(이)가 뭐예요?

B : 저는 _____(을)를 _____(아/어/여)요.
_____거든요.
_____씨는요.

A : 저는 _____(아/어/여)요. _____씨는 _____(아/어/여)요?

B : _____, _____(아/어/여)요.

ドリル 4

1 次の質問に「-거든요」を用いて、答えなさい。
① A : 왜 이렇게 늦었어요? → B : _____ (늦잠을 잤다)
② A : 왜 같이 못 가요? → B : _____ (일이 바쁘다)
③ A : 무슨 안 좋은 일이라도 있어요? → B : _____ (친구하고 싸웠다)
④ A : 왜 그렇게 밥을 조금 먹어요? → B : _____ (식욕이 없다)
⑤ A : 많이 피곤해 보여요. → B : _____ (밤에 잠을 못 잤다)

2 「-지요?」を用いて、文を作りなさい。
① 한국 여행은 좋은 경험이었다.
② 오늘은 날씨가 정말 덥다.
③ 이렇게 하면 되다.
④ 그 영화 슬프다.
⑤ 국이 조금 싱겁다.

3 頻度を表す副詞を用いて、例のように食べ物に関する文を作りなさい。
例 저는 항상 김치를 먹어요.
① 항상 : _____
② 자주 : _____
③ 가끔 : _____
④ 별로 : _____
⑤ 전혀 : _____

4 日本語に訳しなさい。
① 아침을 안 먹었거든요.
② 매운 음식 잘 드시지요?
③ 지금 막 들어오네요.
④ 여름에는 비가 자주 옵니다.
⑤ 일요일은 항상 대청소를 합니다.

5 韓国語に訳しなさい。
① 昨夜は寒かったんですよ。
② 単語を一生懸命覚えたんですよ。
③ その本はとても面白そうでしょう。
④ その店にはよく行きます。
⑤ 最近その人とは全然会えません。

第5課 한국어 발음이 점점 좋아지네요.

学習事項

1. －아/어/여지다 　　　　　　　－くなる／－れる／－られる
2. －뿐만 아니라／－(으)ㄹ 뿐만 아니라 　－だけではなく／－(する)だけではなく
3. －(으)ㄴ 지 　　　　　　　　　－(し)てから
4. 助詞「に」が「을/를」に変わる表現

1　A : 요즘 한국어 공부 많이 해요?
　　　　발음이 점점 좋아지네요.
　　　B : 그래요? 교과서 CD를 많이 듣고 있어요.

2　A : 한국의 가을 날씨는 어때요?
　　　B : 11월 말경이 되면 금방 추워져요.

3　A : 새로 이사한 곳 어때요?
　　　B : 교통이 편리할 뿐만 아니라 조용하고 좋습니다.

4　A : 월드컵 축구 결승전은 어떻게 됐어요?
　　　B : 프랑스 팀이 이탈리아 팀을 이겼습니다.

発音上の注意

＊많이 → 「마니」 ㅎ無音化・連音化　　＊듣고 → 「듣꼬」 濃音化
＊편리 → 「펼리」 流音化

新しい語彙

- 결승전　決勝戦
- 채용시험　採用試験
- 끈　紐
- 도전자　挑戦者
- 챔피언　チャンピオン
- 경기　景気

1 補助動詞　-아/어/여지다〈-くなる/-れる/-られる〉
　1) 形容詞に付き状態の変化を表わす。
　例文　① 9월이 되면 서늘해져요.
　　　　② 비가 오면 왠지 슬퍼집니다.
　　　　③ 어두워지기 전에 집에 돌아 와라.
　2) 他動詞に付き受動形をつくる。
　例文　① 이 건물은 조선시대에 세워졌습니다.
　　　　② 그것은 100년전에 만들어졌습니다.
　　　　③ 운동화 끈이 잘 풀어지네요.
　3) 動詞に付き自発的意味を表わす。
　例文　① 어릴 때의 고향친구들이 가끔 보고 싶어집니다.
　　　　② 이번에 채용시험을 봤는데 결과가 너무 기다려집니다.
　　　　③ 어머니께서 사용하신 물건이라 더욱 소중히 여겨져요.

2 -뿐만 아니라/-(으)ㄹ 뿐만 아니라〈-だけではなく〉
　1) 体言+-뿐만 아니라〈-だけではなく〉、後続文で「-도」〈-も〉が用いられる。
　例文　① 이론뿐만아니라 실천도 중요합니다.
　　　　② 현금뿐만 아니라 신용 카드도 없어졌습니다.
　2) 用言+-(으)ㄹ 뿐만 아니라〈-(する)だけではなく〉
　例文　① 그 식당은 불친절할 뿐만 아니라 가격도 비쌉니다.
　　　　② 이 곳은 공기가 좋을 뿐만 아니라 교통도 편리합니다.

3 -(으)ㄴ 지〈-(し)てから〉
　'(으)ㄴ지'の後に時間を表す言葉が来る場合、起算のはじめを示す。「되다」、「지나다」のような表現が続く場合が多い。
　例文　① 한국에 온 지 벌써 3개월이 됩니다.
　　　　② 일본에 산 지 10년이 되어가네요.

4 日本語の助詞「に」が韓国語では「을/를」に変わる表現
　1) -に会う：-을/를 만나다
　例文　이번에 서울에 가면 김교수님을 만나려고 해요.
　2) -に乗る：-을/를 타다
　例文　오사카에서 도쿄까지는 주로 신칸센을 타고 가요.

3) －に勝つ：－을/를 이기다 ('－에게/한테'를 使える場合もある。)

例文 도전자가 챔피언을 이겼어요.

会話 5

A : 새 집으로 이사하셨다고요?
B : 네, 시내에서 조금 떨어진 곳으로 이사했어요.
A : 살기는 어때요?
B : 공기도 좋을 뿐만 아니라 교통도 아주 편리해요.
A : 그래요? 좋은 곳이네요.
B : 다음 주쯤에 집들이를 하려고 해요. 진수 씨도 꼭 오세요.

発音上の注意

＊다음 주 → 「다음 쭈」 濃音化   ＊연락해 → 「열라캐」 流音化・激音化

話してみましょう。

A : 새 집으로 이사하셨다고요?
B : 네, 시내에서 조금 떨어진 곳으로 이사했어요.
A : 살기는 어때요?
B : _____(을)ㄹ 뿐만 아니라 _____도 아주 _____(아/어/여)요.
A : 그래요? 좋은 곳이네요.
B : 다음 주쯤에 집들이를 하려고 해요. _____씨도 꼭 오세요.

ドリル 5

1「-아/어/여지다」を用いて、文を完成させなさい。
① 기분이 점점 _____ (나쁘다)
② 수출이 늘어나서 경기가 _____ (좋다)
③ 비가 안 와서 야채 값이 점점 _____ (비싸다)
④ 시험 문제가 매년 점점 _____ (어렵다)
⑤ 아침부터 날씨가 점점 _____ (흐리다)

2 A・B欄の語彙を使って、「-(으)ㄹ 뿐만 아니라, -도」を用いる文を作りなさい。

A	B
① 겨울은 눈이 많이 오다	경쟁률이 높다
② 채용 시험은 어렵다	교통이 불편하다
③ 그 식당은 값이 싸다	바람이 불다
④ 그 사람은 성격이 좋다	마음이 착하다
⑤ 그 곳은 거리가 멀다	분위기가 좋다

① _____
② _____
③ _____
④ _____
⑤ _____

3 日本語に訳しなさい。
① 시험이 끝나니까 마음이 가벼워져요.
② 시험이 다가오니까 마음이 점점 불안해져요.
③ 겨울에는 추울 뿐만 아니라 공기가 건조합니다.
④ 이 옷은 디자인이 예쁠 뿐만아니라 감촉이 참 좋아요.
⑤ 점심을 먹은지 1시간도 안 됐는데, 또 먹어요?

4 韓国語に訳しなさい。
① 音楽を聴いていると気分が良くなります。
② 彼は英語だけではなく、韓国語も上手です。
③ 今回宿題は難しいだけではなく、量も多いです。
④ 今度は釜山まで船に乗って行きます。
⑤ 韓国語を勉強してから4年になります。

第5課　한국어 발음이 점점 좋아지네요.

第6課 논문을 쓰기 위해서 읽을 책이에요.

学習事項

1. -는(動詞の現在連体形)
2. -(으)ㄴ(動詞の過去連体形)
3. -(으)ㄴ(形容詞の連体形)
4. -(으)ㄹ(未来及び推量の連体形)　-(す)る、-(す)べき、-である
5. -던/-았/었/였던(過去回想)　-だった、-かった、-(し)ていた

1 A : 책을 왜 그렇게 많이 빌렸어요?
　　B : 논문을 쓰기 위해서 읽을 책이에요.

2 A : 카트를 두는 곳이 어디예요?
　　B : 거기에 그냥 두시면 됩니다.

3 A : 이것보다 싼 것은 없어요?
　　B : 이게 제일 싼 거예요.
　　　　더 이상 싼 건 없습니다, 손님.

4 A : 이 사진에 같이 찍은 사람은 누구예요?
　　B : 전에 사귀던 사람이에요.

発音上の注意

* 그렇게 → 「그러케」激音化
* 읽을 → 「일글」連音化
* 없어요 → 「업써요」連音化・濃音化

新しい語彙

- 두다　置く
- 사귀다　付き合う
- 카트　カート
- 곳　所
- 감명　感銘
- 시절　時節、時
- 명함　名刺
- 전통문화　伝統文化
- 담그다　つける、作る

連体形(過去・現在・未来)

	過去(完了)	過去(回想)	現在	未来・推量
가다 →	간	가던/갔던	가는	갈
먹다 →	먹은	먹던/먹었던	먹는	먹을
크다 →	―	크던/컸던	큰	클
작다 →		작던/작았던	작은	작을
있다 →	―	있던/있었던	있는	있을
이다 →	―	이던/이었던	인	일

1 動詞の現在連体形：動詞+「-는」〈-である、-(す)る〉
   例文 ① 전자 제품 싸게 파는 곳 아세요?
        ② 사전 찾는 법 좀 가르쳐 주세요.
        ③ 여기가 제가 사는 집이에요.

2 動詞の過去連体形：動詞+「-(으)ㄴ」〈-(し)た〉
   例文 ① 그것은 기념품으로 산 부채입니다.
        ② 이제까지 읽은 책 중에서 제일 감명을 받은 책입니다.
        ③ 취직해서 만든 명함입니다.

3 形容詞の連体形：+「-(으)ㄴ」〈-い〉
   例文 ① 조금 더 작은 사이즈 있어요?
        ② 저는 슬픈 영화는 싫어요.
        ③ 여기에서 제일 가까운 전철역으로 가 주세요.

4 未来及び推量の連体形：-(으)ㄹ〈-(す)る、-(す)べき、-である〉
   未来の予定・意図・義務・推量・可能性を表わす。
   例文 ① 내일까지 제출해야 할 서류가 너무 많아요.
        ② 차 안에서 먹을 간식 준비했어요?
        ③ 버릴 물건은 여기에 넣으세요.

5 過去回想：-던/-았/었/였던〈-だった、-かった、-(し)ていた〉
   1) 形容詞+-던/-았/었/였/던〈-だった、-かった〉
   例文 ① 즐겁던/즐거웠던 축제가 추억으로 남아 있습니다.
        ② 책상 위에 있던/있었던 안경 못 봤어요?
        ③ 어제 춥던/추웠던 날씨가 오늘은 따뜻해요.

2) 動詞＋-던/-았/었/였던 〈-(し)ていた〉

例文　① 그 곳은 전에 자주 가던/갔던 다방입니다.
　　　② 그 분은 가게에 자주 오던/왔던 손님이에요.
　　　③ 일본에 있을 때 자주 먹던/먹었던 음식은 야키소바예요.

会話 6

A : 어서 오십시오. 여기는 전통문화 체험관입니다.

B : 체험으로 어떤 코스가 있어요?

A : 전통 의상을 입는 코스도 있고, 김치를 담그는 코스도 있습니다.

B : 그래요? 그럼 김치 담그는 코스로 할래요.

A : 네, 알겠습니다. 여기 신청서에 기입해 주십시오.

発音上の注意

＊입는 → 「임는」 鼻音化　　　＊기입해 → 「기이패」 激音化

話してみましょう。

A : 어서 오십시오. 여기는 ＿＿＿＿＿＿＿입니다.

B : 체험으로 어떤 코스가 있어요?

A : ＿＿＿＿＿＿＿ 코스도 있고, ＿＿＿＿＿＿＿＿ 코스도 있습니다.

B : 그래요? 그럼 ＿＿＿＿＿＿＿코스로 할래요.

A : 네, 알겠습니다. 여기 신청서에 기입해 주십시오.

ドリル 6

1 下線部分を、連体形に変えて、文を完成させなさい。
① 전 사계절 중에서 _____ (덥다) 여름이 정말 싫어요.
② 제가 _____ (좋아하다) 동방신기 노래 들어보실래요?
③ 지금 _____ (노래하다) 사람이 누구예요?
④ 요즘 _____ (읽다) 소설인데 아주 재미있어요.
⑤ 저는 항상 학교와 아르바이트로 _____ (바쁘다) 생활을 하고 있어요.

2 下線部分を、過去連体形に変えて、文を完成させなさい。
① 제가 처음으로 _____ (만들다) 케이크입니다.
② 어제 _____ (사다) 라디오가 벌써 고장났어요.
③ 이것은 작년에 생일 선물로 _____ (받다) 지갑입니다.
④ 그 이야기를 _____ (듣다) 사람 또 있습니까?
⑤ 한국어를 4년 동안 _____ (배우다) 성과라고 생각합니다.

3 下線部分を、未来及び推量の連体形に変えて、文を完成させなさい。
① 여름방학 동안 한국의 이곳 저곳을 _____ (여행하다) 예정이에요.
② 친구 결혼식 때 _____ (입다) 드레스입니다.
③ 내일은 _____ (흐리다) 것 같아요.
④ 새로 이 집에 _____ (이사오다) 사람이라고 해요.
⑤ 서울 갈 때 비행기 안에서 _____ (보다) 잡지예요.

4 日本語に訳しなさい。
① 표 사는 곳이 어디에 있습니까?
② 즐거운 여행이 되시길 바랍니다.
③ 여기는 제가 살던 마을입니다.
④ 이 곳은 지난 달에 교통사고가 났던 장소입니다.
⑤ 제가 다녔던 초등학교에 우리 아이가 입학했어요.

5 韓国語に訳しなさい。
① 悲しい映画を見て泣きました。
② 富士山は日本で一番高い山です。
③ 今読んでいる本はどんな本ですか?
④ もう寝る時間です。
⑤ ここは私が幼い時、遊んでいた公園です。

第7課　이 건물 3층 307호실입니다.

学習事項
1. 漢数字の活用
2. 固有数字の活用

1　A : 말씀 좀 묻겠습니다만, 국제 여행사가 어디에 있습니까?
　　B : 이 건물 3층 307호실입니다.

2　A : 내일 공항에 몇 시에 도착해요?
　　B : 아침 8시30분 비행기니까 10시 쯤에 도착해요.

3　A : 이 장미꽃 얼마예요?
　　B : 한 송이에 500원이에요.

4　A : 새 학기에 필요한 문방구 있으면 말해. 사 가지고 갈게.
　　B : 네, 공책 4권하고 연필 3자루, 지우개 1개 사 오세요.

発音上の注意
* 맥주 →「맥쭈」濃音化
* 국제 →「국쩨」濃音化
* 도착해요 →「도차캐요」激音化

新しい語彙
- 장미꽃　バラ
- 홍차　紅茶
- 문방구　文房具
- 갈아타다　乗り換える
- 백합　ユリ
- 국화　菊の花

1 漢数字の活用

　　1 일　2 이　3 삼　4 사　5 오　6 육　7 칠　8 팔　9 구　10 십
　11 십일　12 십이　20 이십　30 삼십　100 백　1000 천　10000 만

1) 日付　例　① 6月16日 → 유 월 십육 일　② 8月10日 → 팔 월 십 일
2) 値段　例　① 86,000 원 → 팔만 육천 원　② 34,700 원 → 삼만 사천 칠백 원
3) 電話番号　例　① 032-132-7889 → 공삼이(의) 일삼이(의) 칠팔팔구
4) 番・階・号・分・週間・人前・ヶ月

25番	3階	105号	45分	2週間	2人前	3ヶ月
이십오 번	삼 층	백오 호	사십오 분	이 주일간	이 인분	삼 개월

　例　① 65番 バス → 육십 오 번 버스　② 5階 → 오 층
　　　③ 1205号室 → 천 이백 오 호실　④ 4人前 → 사 인분
　　　⑤ 1週間 → 일 주일간　⑥ 1年 5ヶ月 → 일 년 오 개월

2 固有数字の活用

1 하나　2 둘　3 셋　4 넷　5 다섯　6 여섯　7 일곱　8 여덟　9 아홉
10 열　11 열하나　12 열둘　20 스물　30 서른　40 마흔　50 쉰　60 예순
70 일흔　80 여든　90 아흔　100 백

＊固有数字の「하나, 둘, 셋, 넷, 스물」は助数詞の前では「한, 두, 세, 네, 스무」となる。

1) 時間：(時は固有数字、分は漢数字)
　　例　1時 30分 → 한 시 삼십 분　　5時 25分 → 다섯 시 이십오 분

2) 名・個・冊・枚・杯・匹・着

6名/人	4名様	4個	15冊	20枚	3杯	2匹	1着
여섯 명	네 분	네 개	열다섯 권	스무 장	세 잔	두 마리	한 벌

　例　① ネコ 1匹 → 고양이 한 마리　② りんご 10個 → 사과 열 개
　　　③ コーヒー 2杯 → 커피 두 잔　④ 友達 4名 → 친구 네 명
　　　⑤ 洋服 3着 → 양복 세 벌　⑥ 辞書 5冊 → 사전 다섯 권

3) 歳・台・本・その他

21歳	1台	2本	5本	4りん	2足	3ヶ月
스물한 살	한 대	연필 두 자루	맥주 다섯 병	꽃 네 송이	두 켤레	세 달

　例　① 17歳 → 열 일곱 살　② 自転車 2台 → 자전거 두 대
　　　③ ボールペン 1本 → 볼펜 한 자루　④ コーラ 3本 → 콜라 세 병
　　　⑤ バラ 5りん → 장미 다섯 송이　⑥ 靴下 1足 → 양말 한 켤레

会話 7

A : 여기요. 이 청바지 얼마예요?
B : 64,000원입니다.
A : 아, 그래요? 이 청바지하고 잘 어울리는 티셔츠도 사고 싶은데요.
B : 그럼 이 빨간 티셔츠는 어때요?
A : 네, 아주 마음에 듭니다. 이 티셔츠는 얼마예요?
B : 이 티셔츠는 23,000원인데 둘 다 사시니까 조금 싸게 해서 85,000원에 드릴게요.
A : 네, 감사합니다.

発音上の注意

* 육만 → 「융만」 鼻音化
* 원가 → 「원까」 濃音化
* 좋아요 → 「조아요」 ㅎ無音化

話してみましょう。

A : 여기요. 이 _____ 얼마예요?
B : _____ 원입니다.
A : 아, 그래요? 이 _____하고 _____도 사고 싶은데요.
B : 그럼 _____(은)는 어때요?
A : 네, 아주 마음에 듭니다. _____(은)는 얼마예요?
B : _____(은)는 _____원인데 둘 다 사시니까 조금 싸게해서 _____원에 드릴게요.
A : 네, 감사합니다.

ドリル 7

1 漢数詞・固有数詞に書き替えなさい。

① 11月30日 → _____ ② 10月6日 → _____

③ 29,000원 → _____ ④ 42,500원 → _____

⑤ 010-643-3221 → _____

⑥ 6時20分 → _____ ⑦ 4時15分 → _____

2 例のように、下欄から適切な助数詞を選び、漢数詞・固有数詞に書き替えなさい。

| 층 | 호 | 달 | 명 | 마리 | 벌 | 장 | 권 | 분 |
| 켤레 | 병 | 잔 | 개 | 대 | 자루 | 살 | 송이 | |

例 귤 다섯 개 (5) 주세요.
① 장미 _____ (2) 백합 _____ (4) 주세요.
② 백화점에서 구두 _____ (1) 를 샀어요.
③ 책상 위에 책 _____ (3) 하고 연필 _____ (2)가 있어요.
④ 여기 홍차 _____ (4) 주세요.
⑤ 우리 집에는 자동차 _____ (1) 하고 자전거 _____ (3)가 있어요.
⑥ 우리 집에는 고양이가 _____ (2) 있어요.
⑦ 우리 맨션은 _____ (7) 건물이에요.
⑧ 우리 가족은 모두 _____ (4) 입니다.
⑨ 옷을 _____ (3) 샀어요.
⑩ 제 나이는 _____ (24) 입니다.

3 韓国語に訳しなさい。
① 私の誕生日は6月26日です。
② 夕方7時30分に約束があります。
③ 先生の研究室は3階にあります。
④ ここで地下鉄2号線に乗り換えます。
⑤ 菊の花を5りんください。

第8課 와카메는 한국말로 미역이라고 합니다.

学習事項

1. -(이)라고 하다   -という
2. -다고/-는/ㄴ다고 하다   -だと/という
3. -았/었/였다고 하다   -(し)たという
4. -(느)냐고/-(으)냐고 하다   -かという

1 A : 와카메는 한국말로 뭐라고 해요?
   B : 와카메는 한국말로 미역이라고 합니다.

2 A : 역 근처에 맛있다고 소문난 한국식당에 가 봤어요?
   B : 아뇨, 손님이 많아서 평일에도 자리가 없다고 해요. 가기 전에 예약을 해야 한다고 해요.

3 A : 한국에서는 결혼식 때 뭘 입어요?
   B : 웨딩 드레스를 입고 식을 올리고 난 후, 한복도 입는다고 해요.

4 A : 요즘 서울 날씨는 어떻다고 해요?
   B : 오사카보다 서울이 춥다고 해요.

5 A : 김 과장님은 전보다 아주 건강해 보여요.
   B : 건강을 위해서 술도 담배도 끊었다고 했어요.

6 A : 한국에 가서 김교수님 만났어요?
   B : 네, 수미 씨는 잘 있느냐고 안부를 물으셨어요.

発音上の注意

＊입는다고 → 「임는다고」 鼻音化
＊끊었다고 → 「끄넏따고」 ㅎ無音化・連音化・濃音化

> 🐾 新しい語彙

- 삼짇날　桃の節句(「年中行事(歳時風俗)」の一つ：旧暦3月3日)
- 동지　冬至
- 몸조리　体を大事にすること
- 대형 할인 매점　大型ショッピングモール

平叙文の間接話法

1 平叙文の間接話法(現在)：名詞＋ー(이)라고 하다〈ーという、ーだという〉
　例文　그 사람 부인은 유명한 배우라고 해요.
　　　　설날 아침에 입는 옷을 설빔이라고 합니다.

2 動詞＋ー는/ㄴ다고 하다〈ー(する)という〉
　例文　그는 고등학교에서 한국어를 가르친다고 해요.
　　　　요즘에는 김치를 담그지 않고 사서 먹는다고 해요.
　形容詞＋ー다고〈ーという〉
　例文　삼짇날에 나비를 보면 그 해의 운세가 좋다고 합니다.
　　　　동지는 낮보다 밤이 길다고 합니다.

3 平叙文の間接話法(過去)：ー았/었/였/웠다고 하다〈ー(し)たという〉
　例文　영화가 너무 슬퍼서 극장 안의 사람들이 다 울었다고 해요.
　　　　서울은 어제 기온이 영하10도였다고 해요.

4 疑問文の間接話法：ー(이)냐고/ー(느)냐고/ー(으)냐고 하다〈ーかという〉
　1) 疑問文の間接話法(現在)　＊通常会話では'(느)(으)'を省略する場合が多い。
　　① 名詞＋ー(이)냐고〈ーなのかという〉
　　例文　약속한 날이 오늘이냐고 했어요.
　　　　　희망하는 직업이 뭐냐고 물었어요.
　　② 動詞＋ー(느)냐고〈ー(する)のかという〉
　　例文　언제 돌아 오냐고 물었어요.
　　　　　한국에서는 설날에 무엇을 먹느냐고 했어요.
　　③ 形容詞＋ー(으)냐고〈ーのかという〉
　　例文　요즘 많이 바쁘냐고 했어요.
　　　　　생일 선물로 뭐가 좋으냐고 물었어요.

　2) 疑問文の間接話法(過去)：ー았/었/였(느)냐고 하다〈ー(し)たのかという〉
　　例文　선생님이 어제 왜 결석했냐고 하셨어요.
　　　　　어제는 일이 늦게 끝났냐고 물었어요.

会話 8

A : 어제 학교에 안 왔어요?

B : 감기가 너무 심해서 병원에 갔다 왔어요.

A : 그래요? 선생님도 무슨 일이 있느냐고 하셨어요. 의사 선생님은 뭐라고 했어요?

B : 독감은 아닌데 한 동안 집에서 쉬는 게 좋다고 했어요.

A : 그랬군요. 그럼 몸조리 잘 하세요.

発音上の注意

＊좋다고 → 「조타고」激音化　　＊그랬군요 → 「그랟꾼뇨」濃音化・ㄴ追加

話してみましょう。

A : 어제 _____에 안 왔어요?

B : _____(아/어/여)서 _____(았/었/였)어요.

A : 그래요? _____도 무슨 일이 있느냐고 하셨어요. _____(은)는 뭐라고 했어요?

B : _____다고 했어요.

A : 그랬군요. 그럼 _____하세요.

ドリル 8

1 次の文を「-(이)라고, -다고, -는/ㄴ다고 하다」を用いて、間接引用文に改めなさい。
① '그말은 거짓말입니다' 라고 말했어요.
→ _____
② '설악산은 가을이 아름다워요' 라고 들었습니다.
→ _____
③ '전자제품은 대형 할인 매점이 싸요.' 라고 들었습니다.
→ _____
④ '일요일도 일했어요' 라고 말했습니다.
→ _____
⑤ '그 영화 너무 슬퍼요' 라고 말했습니다.
→ _____

2 次の文を現在形の「-(이)냐고/-(느)냐고/-(으)냐고 하다」を用いて間接引用文に改めなさい。
① 부산에 출장을 갑니까? →
② 이번 모임은 몇 시에 만납니까? →
③ 어제 소식을 들었습니까? →
④ 부산은 서울보다 따뜻합니까? →
⑤ 젊었을 때 야구선수였습니까? →

3 日本語に訳しなさい。
① 자전거를 일본말로 뭐라고 해요?
② 다나카 씨가 이사를 한다고 해요.
③ 이렇게 추운데 골프치러 가냐고 했어요.
④ 검정 시험에 합격했냐고 물었어요.
⑤ 한국에서는 수험생에게 엿이나 찰떡을 선물한다고 해요.

4 韓国語に訳しなさい。
① 田中さんは風邪を引いたそうです。
② 金スミと言います。
③ 最近は物値が高いと言います。
④ 彼女は日本語が上手だと聞きました。
⑤ 辛い食べ物はよく食べるのかと聞いています。

第9課 회사 동료들이 넥타이를 선물하자고 해요.

学習事項

1. −자고 하다　　−(し)ようと/−(し)ましょうという
2. −(으)라고 하다　−(し)ろという/−(し)なさいという
3. −달라고 하다　　−くれという、−주라고 하다　−あげろという/−あげなさいという
4. −(을)를 비롯해서　−をはじめ(て)

1. A : 이번 부장님의 승진 축하 선물은 뭐로 할 거예요?
   B : 회사 동료들이 넥타이를 선물하자고 해요.

2. A : 오늘 저녁에 시간있어요?
   B : 미안해요. 집에 손님이 온다고 어머니가 일찍 돌아오라고 했어요.

3. A : 서울 경복궁에는 갔다왔어요?
   B : 친구들이 꼭 가보라고 했는데, 아직 못 갔어요.

4. A : 수미 씨, 유키 씨가 전화 좀 해달라고 했어요.
   B : 그래요? 오늘 아침에도 만났었는데.

5. A : 이번 전시회는 어땠어요?
   B : 피카소를 비롯해서 유명한 화가들의 작품이 많았어요.

発音上の注意

* 동료들이 →「동뇨드리」鼻音化・連音化
* 만났었는데 →「만낟썬는데」濃音化・鼻音化

新しい語彙

- 승진　昇進
- 동료　同僚
- 연기하다　延期する
- 시집가다　嫁にいく(結婚する)
- 사이좋게　仲良く
- 심각하다　深刻だ

＊勧誘文・命令文の間接話法

	直接話法	間接話法
勧誘文	-(읍)ㅂ시다, -아/어/여요, -자	-자고 하다
命令文	-(으)십시오, -(으)세요, -아/어/여라	-(으)라고 하다

1 勧誘文の間接話法　-자고 하다〈-(し)ようという〉
例文　① 오늘 일이 끝나고 같이 저녁을 먹자고 합니다.
　　　② 수미가 기말 시험이 끝나면 영화보러 가자고 했는데 같이 갈래?
　　　③ 이번 모임을 연기하자고 연락이 왔어요.

2 命令文の間接話法　-(으)라고 하다〈-(し)ろという/-(し)なさいという〉
例文　① 창문을 열어 두라고 했어요.
　　　② 이 약은 식후 30분 후에 먹으라고 했어요.
　　　③ 부모님이 올해는 꼭 시집가라고 해요.

3 命令文の間接話法　-아/어/여 달라고/-주라고 하다〈-(して)くれという/-(して)あげろという〉
「-아/어/여 주십시오/주세요」の引用文は「-아/어/여 달라고 하다」や「-아/어/여 주라고 하다」となる。
例文　① 수미 씨가 '이사할 때 도와 주세요'라고 말했어요.
　　　　⇒ 수미 씨가 이사할 때 도와달라고 했어요.
　　　② 히토미 씨가 '수미 씨한테 이 책을 전해 주세요'라고 말했어요.
　　　　⇒ 히토미 씨가 수미 씨한테 이 책을 전해 주라고 했어요.
練習　「-아/어/여 달라고/주라고 하다」を用いて、文を作りなさい。
　　　① 아이가 '물 좀 주세요'라고 말했어요.
　　　　→
　　　② 과장님이 '이 서류를 수미 씨한테 전해 주세요'라고 말했어요.
　　　　→

4 -을/를 비롯해서/비롯하여〈-をはじめ(て)〉、-을/를 비롯한〈-をはじめとする、第一とする〉ことを表す。
例文　① 그 연구회는 다나카 교수님을 비롯해서 저명한 연구자들이 참가하고 있다.
　　　② 설날이나 추석에는 할아버지를 비롯해서 모든 가족이 모입니다.
　　　③ 이번 회의에서는 실업문제를 비롯한 심각한 경제문제가 논해질 것입니다.

会話 9

A : 진수 씨, 한국 음식 잘 하는 집 알아요?

B : 네, 오사카 역 근처에 있는데, 그 집 전문 요리인 감자탕을 비롯해서 음식이 아주 맛있다고 해요. 언제 같이 갈까요?

A : 네, 좋아요. 이번 기말 시험이 끝나는 금요일 저녁은 어때요?

B : 좋아요. 수미 씨한테도 같이 가자고 말해 볼게요.

A : 그럼 수미 씨하고 시간을 정해서 저한테 알려 주세요.

発音上の注意

* 잘하는 → 「자라는」 ㅎ弱音化・連音化   * 비롯해서 → 「비로태서」 激音化
* 볼게요 → 「볼께요」 濃音化

話してみましょう。

A : _____씨, _____잘 하는 집 알아요?

B : _____ 근처에 있는데, 그 집 전문 요리인 _____(을)를 비롯해서 음식이 아주 맛있다고 해요. 언제 같이 갈까요?

A : 네, 좋아요. 이번 기말 시험이 끝나는 _____ _____(은)는 어때요?

B : 좋아요. _____씨한테도 같이 가자고 말해 볼게요.

A : 그럼 _____씨하고 시간을 정해서 저한테 알려 주세요.

ドリル 9

1 例文のように、間接引用文に改めなさい。

例 '졸업여행은 제주도로 갑시다' 라고 말합니다.
→ <u>졸업여행은 제주도로 가자고 해요.</u>

① '2시에 도서관 앞에서 만납시다.' 라고 말합니다.
→ _____

② '너무 비싸니까 사지 맙시다' 라고 말했습니다.
→ _____

③ 어머니가 '동생하고 나눠먹어라' 라고 말했습니다.
→ _____

④ 선생님이 '모두 앉아' 라고 말했습니다.
→ _____

⑤ 하루카 씨가 '한국 친구를 소개해주세요' 라고 말했습니다.
→ _____

2 次の質問に、例文のように間接引用表現で答えなさい。

例 어머니한테 무슨 말을 자주 들어요? → <u>방 좀 청소하라고 들어요.</u>

① 선생님한테 무슨 말을 자주 들어요? → _____
② 부모님한테 무슨 말을 자주 들어요? → _____
③ 선배한테 무슨 말을 자주 들어요? → _____
④ 친구한테 무슨 말을 자주 들어요? → _____

3 日本語に訳しなさい。

① 선생님한테 인사하러 가자고 했어요.
② 어머니께서 돈을 아껴쓰라고 했어요.
③ 앞으로 사이좋게 지내자고 했어요.
④ 내일 리포트를 제출하라고 했어요.

4 韓国語に訳しなさい。

① 今度の集まりには参加しようと言います。
② 日曜日にテニスをしようと言います。
③ お酒とたばこをやめろと言います。
④ 毎朝運動しろと言いました。
⑤ 明日は少し早く来てくれと言いました。

第9課 회사 동료들이 넥타이를 선물하자고 해요.

第10課 예약을 다음 주로 변경해도 됩니까?

学習事項

1. －아/어/여도 되다　－(し)てもよい
2. －아/어/여도　－(し)ても
3. －(이)라도　－でも/－であっても
4. －아/어/여야　－(し)てこそ

1　A : 예약을 다음 주로 변경해도 됩니까?
　　B : 네, 됩니다. 성함이 어떻게 되세요?

2　A : 여기서 담배를 피워도 됩니까?
　　B : 아니오, 여기는 실내 금연이라서 피우면 안 됩니다.

3　A : 이 모자를 써 봐도 돼요?
　　B : 네, 괜찮아요. 써 보세요.

4　A : 목이 말라요. 물 좀 주시겠어요?
　　B : 물이 없는데 주스라도 드릴까요?

5　A : 아침마다 운동하세요?
　　B : 네, 저는 아침운동을 해야 힘이 나거든요.

発音上の注意

＊다음 주 →「다음 쭈」濃音化　　＊실내 →「실래」流音化

新しい語彙

- 변경하다　変更する
- 목이 마르다　喉が渇く
- 잠이 깨다　目が覚める
- 낙서　落書
- 한　約、大体
- 정이 들다　親しくなる、情が移る

1 －아/어/여도 되다 〈−(し)てもよい〉

1) 譲歩や許可を表わす。「되다」の他に「좋다」と「괜찮다」も用いられる。

　例文　① 실례지만 뭐 좀 물어 봐도 될까요?
　　　　② 선생님 화장실에 가도 됩니까?
　　　　③ 전화로 예약해도 됩니다.
　　　　④ 일요일에는 늦잠을 자도 되니까 너무 좋아요.

2) 否定の場合は「(し)てはいけない」の「(으)면 안 되다」が用いられる。

　例文　① 2번 홈에서 타시면 안 됩니다.
　　　　② 여기에 낙서를 하면 안 됩니다.
　　　　③ 단어를 외우지 않으면 안 됩니다.
　　　　④ 잔디밭에 들어 가면 안 됩니다.

2 「－아/어/여도」〈−(し)ても〉

逆接の仮定条件を表わす。

　例文　① 몇 번이나 편지를 보내도 답장이 오지 않아요.
　　　　② 열심히 단어를 외워도 시험을 볼 때는 생각이 안 나요.
　　　　　 아무리 노력해도 성과가 올라 가지 않아요.

3 －(이)라도 〈−でも／−であっても〉

仕方なく選択することを表わす。疑問詞に付くと全部の意味を表す。

　例文　① 가까운 곳이라도 한 번 여행 가야지요.
　　　　　 누구라도 좋으니까 한 분만 오시겠어요?
　　　　　 함께라면 어디라도 가겠습니다.

4 －아/어/여야

1) 必然的条件であることを表わす。〈−(し)てこそ／−(し)てはじめて〉

　例文　① 노력을 해야 결과가 있습니다.
　　　　　 자료를 더 수집해야 논문을 쓸 수 있습니다.

2) 後に否定の意味がくると何の意味もないことを表わす。〈−(し)ても／−したところで〉

　例文　① 열심히 청소해야 금방 더러워지는데 대충 하세요.
　　　　　 이렇게 돈을 줘야 일주일이면 없어져버려요.

会話 10

A : 광화문에서 경복궁까지 가깝습니까?
B : 네, 가까우니까 걸어 가도 돼요.
A : 걸어 가면 어느 정도 걸릴까요?
B : 한 10분 정도 걸릴 거예요.
A : 이쪽으로 똑 바로 가면 됩니까?
B : 네, 똑 바로 한 200미터 정도 가면 우체국이 있습니다. 거기서 오른 쪽으로 돌아서 50미터 정도 가면 경복궁 정문 입구가 보일 거예요.

発音上の注意

*경복궁 → 「경복꿍」 濃音化   *입구 → 「입꾸」 濃音化

話してみましょう。

A : _____에서 _____까지 가깝습니까?
B : (네/아뇨), _____(으)니까_____(어/아/여도, 아/어/여/야) 돼요.
A : _____(으)면 어느 정도 걸릴까요?
B : 한 _____정도 걸릴 거예요.
A : 이쪽으로 똑 바로 가면 됩니까?
B : 네, 똑 바로 _____정도 가면 _____(이)가 있습니다. 거기서 _____(으)로 돌아서 _____정도 가면 _____(이)가 보일 거예요.

ドリル 10

1「-아/어/여도 되다(좋다)を用いて、文を作りなさい。
① 한국어로 말하다. →
② 이제 돌아 가다 →
③ 메일 주소를 가르쳐 주다 →
④ 자리에 앉다 →
⑤ 값이 싼 물건이다. →

2 次の下線の部分に「-아/어/여도, -아/어/여야」を用いて、文を完成させなさい。
① 바쁘시면 다음에 _____ (오다) 좋습니다.
② 제가 _____ (가다) 괜찮으시면 함께 가지요.
③ 열심히 _____ (노력하다) 성공합니다.
④ 밥을 _____ (먹다) 힘이 날 것 같아요.
⑤ 사전을 _____ (보다) 좋습니까?
⑥ 약을 _____ (먹다) 낫습니다.
⑦ 택시를 _____ (타다) 약속시간에 도착합니다.
⑧ 자주 _____ (만나다) 정이 듭니다.
⑨ 잠을 잘 _____ (자다) 다음 날 컨디션이 좋아요.
⑩ 새 운동화를 _____ (사 주다) 한 달도 못 갑니다.

3 次のような店で買い物をする時、「-아/어/여 봐도 되다」を用いて言える文を作りなさい。
例 모자 가게 → 모자를 써 봐도 돼요?
① 옷 가게 → _____ (입다)
② 안경 가게 → _____ (쓰다)
③ 신발 가게 → _____ (신다)
④ 식품 가게 → _____ (맛보다)
⑤ 장갑 가게 → _____ (끼다)

4 韓国語に訳しなさい。
① 午後にもう一度来ても良いですか。
② 後で電話をしても良いですか。
③ どこでも良いからドライブしたいです。
④ ここでタバコを吸ってはいけません。
⑤ 朝はコーヒーを一杯飲んではじめて、目が覚めます。

第11課 문이 열리지 않습니까?

学習事項

1. 受身表現 －れる/－られる：「이・히・리・기」などの接尾辞がつく場合
2. 「-아/어/여지다」
3. 「받다/되다/당하다」がつく場合
4. -아/어/여 보이다 －に/く見える

---

1 A : 문이 열리지 않습니까?
　 B : 네, 열쇠가 잘 맞지 않는 것 같아요.

2 A : 지난 주에 학생회장 선거가 있었습니다.
　 B : 그래요? 누가 회장으로 뽑혔나요?

3 A : 그 사건의 범인이 잡혔습니까?
　 B : 네, 오늘 아침 뉴스에 나왔습니다.

4 A : 요즘 불경기라서 힘드시지요.
　 B : 네, 물건이 전혀 팔리지 않아요.

5 A : 왜 그렇게 부어 올랐어요?
　 B : 밤 새 모기한테 물렸어요.

6 A : 얼굴이 무척 피곤해 보여요.
　 B : 어제 야근을 했거든요.

発音上の注意

* 열쇠 → 「열쐬」 濃音化
* 뽑혔나요 → 「뽀편나요」 激音化・鼻音化

新しい語彙

- 열쇠　鍵
- 맞다　合う
- 부어 오르다　腫れ上がる
- 야근　夜勤
- 탑　塔
- 삼국시대　三国時代
- 대기오염　大気汚染

1 受身表現：「이・히・리・기」などの接尾辞がつく場合

이	히	리	기
쓰다 ⇒ 쓰이다	먹다 ⇒ 먹히다	열다 ⇒ 열리다	안다 ⇒ 안기다
보다 ⇒ 보이다	잡다 ⇒ 잡히다	물다 ⇒ 물리다	감다 ⇒ 감기다
놓다 ⇒ 놓이다	뽑다 ⇒ 뽑히다	풀다 ⇒ 풀리다	쫓다 ⇒ 쫓기다
쌓다 ⇒ 쌓이다	박다 ⇒ 박히다	팔다 ⇒ 팔리다	빼앗다 ⇒ 빼앗기다
꺾다 ⇒ 꺾이다	밟다 ⇒ 밟히다	듣다 ⇒ 들리다	잠그다 ⇒ 잠기다

例文　① 버스 안에서 발을 밟혔어요.
　　　쥐가 고양이에게 쫓기고 있어요.
　　　눈이 1미터 높이까지 쌓였다고 해요.
　　＊귀에 못이 박히다(耳に釘を打ち込まれる：耳にタコができる)

2 受身表現：「-아/어/여지다」を用いる場合(第5課参考)

> 만들어지다, 놓여지다, 섞여지다, 열어지다, 풀어지다, 감겨지다, 세워지다
> (その他の状態の変化：어두워지다, 슬퍼지다, 커지다, 흐려지다, 예뻐지다, 뚱뚱해지다)

例文　① 그 탑은 삼국시대에 세워졌다고 합니다.
　　　한글은 조선시대에 만들어졌습니다.

3 受身表現：「-받다/되다/당하다」がつく場合

> ① 사랑받다, 추천받다, 소개받다, 존경받다, 초대받다, 칭찬받다…
> ② 연구되다, 번역되다, 발견되다, 사용되다, 소개되다, 걱정되다…
> ③ 추방당하다, 거절당하다, 처형당하다, 제명당하다, 퇴학당하다…

例文　① 대기오염 문제는 산업화가 시작되면서 주목되어 온 연구과제입니다.
　　　② 친구한테 부탁했는데 거절당했어요.

4 -아/어/여 보이다〈-に/く見える〉
視覚を通しての推量を表す。

例文　① 머리를 자르니까 젊어 보여요.
　　　② 수미 씨는 주말에는 한가해 보였어요.

会話 11

A : 수업 중에 왜 그렇게 졸아요?
B : 어제 잠을 못 잤거든요.
A : 왜 잠을 못 잤어요?
B : 국제 문화 리포트를 썼는데 생각보다 시간이 많이 걸렸어요.
A : 그랬군요. 얼굴도 많이 피곤해 보여요.
B : 너무 졸음이 와서 눈이 저절로 감기네요.
A : 잠이 깨도록 커피 한 잔 하고 오면 어때요?

発音上の注意

* 못 잤거든요 → 「몯 짣꺼드뇨」濃音化・連音化   * 정리 → 「정니」鼻音化

話してみましょう。

A : _____ 중에 왜 그렇게 졸아요?
B : 어제 잠을 못 잤거든요.
A : 왜 잠을 못 잤어요?
B : _____(았/었/였)는데 생각보다 시간이 많이 걸렸어요.
A : 그랬군요.
B : 너무 졸음이 와서 눈이 저절로 감기네요.
A : 잠이 깨도록 _____고 오면 어때요?

ドリル 11

1 次の文の下線部分を、受身表現に改めなさい。
① 졸려서 눈을 감았습니다. →
② 갑자기 전화를 끊었습니다. →
③ 도망치던 토끼를 잡았어요. →
④ 어제는 옷을 팔았습니다. →
⑤ 명동에서 남산 타워를 봅니다. →
⑥ 나뭇가지를 꺾었습니다. →
⑦ 쥐를 잡았습니다. →
⑧ 국가 대표선수를 뽑았습니다. →
⑨ 그 때 친구 목소리를 들었습니다. →
⑩ 수수께끼를 겨우 풀었습니다. →

2「-아/어/여 보이다」を用いて、文を完成させなさい。
① 그 사람은 표정이 ＿＿＿＿＿＿＿＿＿＿＿＿＿ (우울하다)
② 저 옷은 ＿＿＿＿＿＿＿＿＿＿＿＿＿＿＿＿＿ (비싸다)
③ 이번 시험은 조금 ＿＿＿＿＿＿＿＿＿＿＿＿＿ (쉽다)
④ 방을 정리하니까 ＿＿＿＿＿＿＿＿＿＿＿＿＿ (넓다)
⑤ 두 사람은 사이가 ＿＿＿＿＿＿＿＿＿＿＿＿＿ (친하다)

3 日本語に訳しなさい。
① 그 친구는 유학을 간 후 소식이 끊겼어요.
② 운동화 끈이 풀렸습니다.
③ 선생님께 칭찬받았습니다.
④ 오늘은 기분이 안 좋아 보여요.
⑤ 그는 성격이 좀 차가워 보여요.

4 韓国語に訳しなさい。
① 顔が少し見えました。
② 犬に噛まれました。
③ セール期間中、商品がたくさん売れました。
④ 英語は世界の国々で広く使われています。
⑤ その人の絵が優秀作品として選ばれました。

第12課　내일 5시 쯤에 깨워 드릴까요?

学習事項

1. 使役表現 「이・히・리・기・우・구・추」の接尾辞がつく場合　−せる/−(さ)せる
2. 「−게 하다/만들다/시키다」がつく場合　−せる/−(さ)せる/−ようにする
3. −는/−(은)ㄴ 만큼　−(する)くらい/だけ〉

1　A : 내일 아침 6시에 출발인데, 일찍 일어날 수 있을까 걱정이 돼요.
　　B : 제가 5시 쯤에 깨워 드릴까요?

2　A : 왜 그렇게 조금 드세요? 다이어트하세요?
　　B : 네, 먼저 음식의 칼로리를 줄이고 있어요.

3　A : 영철이가 안 보이네요. 어디 갔어요?
　　B : 네, 가게에 심부름 보냈어요.

4　A : 시험이 걱정이 돼요.
　　B : 노력하는 만큼 좋은 결과가 있을 거예요.

発音上の注意

*걱정 →「걱쩡」濃音化　　*왔는데 →「완는데」鼻音化　　*못할 →「모탈」激音化

新しい語彙

- 다이어트　ダイエット
- 칼로리　カロリー
- 독자　読者
- 귀중품　貴重品
- 철이 없다　分別がない(철이 들다 : 物心がつく)

1 使役表現 「이・히・리・기・우・구・추」の接尾辞がつく場合。〈ーせる/ー(さ)せる〉

☛ 使役表現「이・히・리・기・우・구・추」が語幹につく例

이	히	리	기	우 구 추
먹다 ⇒ 먹이다	읽다 ⇒ 읽히다	알다 ⇒ 알리다	웃다 ⇒ 웃기다	자다 ⇒ 재우다
보다 ⇒ 보이다	앉다 ⇒ 앉히다	늘다 ⇒ 늘리다	맡다 ⇒ 맡기다	깨다 ⇒ 깨우다
죽다 ⇒ 죽이다	입다 ⇒ 입히다	날다 ⇒ 날리다	숨다 ⇒ 숨기다	타다 ⇒ 태우다
속다 ⇒ 속이다	익다 ⇒ 익히다	살다 ⇒ 살리다	벗다 ⇒ 벗기다	돌다 ⇒ 돌구다
줄다 ⇒ 줄이다	좁다 ⇒ 좁히다	울다 ⇒ 울리다	남다 ⇒ 남기다	맞다 ⇒ 맞추다

例文　① 그 소설은 독자들을 많이 울렸다고 해요.
　　　② 어머니가 아기를 재웁니다.
　　　③ 귀중품은 카운터에 맡겨 주십시오.

2 使役表現「ー게 하다/만들다/시키다」がつく場合。〈ーせる/ー(さ)せる/ーようにする〉

> ① 밝게 하다, 보게 하다, 앉게 하다, 알게 하다, 울게 하다, 헤어지게 하다…
> ② 걱정하게 만들다, 창피하게 만들다, 화나게 만들다…
> ③ 결혼시키다, 걱정시키다, 유학시키다, 연습시키다…

例文　① 졸업하면 한국에 유학시키고 싶어요.
　　　　더 이상 저를 화나게 만들지 마세요.
　　　③ 그 사람은 아직도 철이 없어서 항상 부모님을 걱정시켜요.

3 ー는/ー(으)ㄴ 만큼 〈ーするくらい/ーだけに〉
程度を表す。

例文　① 다른 사람이 아는 만큼 저도 압니다.
　　　　생각이 깊은 만큼 잘 판단할 거예요.
　　　③ 취직하기 어려운 만큼 남보다 더 노력해야 합니다.

会話 12

A : 호텔직원　　B : 손님

A : 맡기실 귀중품은 없으세요?

B : 네, 이 작은 가방을 부탁드립니다.

A : 귀중품 보관 번호표 받으십시오.
내일 아침식사는 1층 로비 옆에 있는 레스토랑에서 7시부터 하실 수 있습니다.

B : 그래요? 내일 아침 모닝 콜을 부탁하고 싶은데요.

A : 네. 몇 시에 깨워 드릴까요?

B : 6시에 해 주세요.

A : 네, 알겠습니다.

発音上の注意

* 맡기실 → 「맏끼실」濃音化
* 부탁해도 → 「부타캐도」激音化
* 몇시에 → 「멷씨에」濃音化

話してみましょう。

A : 맡기실 귀중품은 없으세요?

B : 네, 이 ＿＿＿＿＿＿(을)를 부탁드립니다.

A : 귀중품 보관 번호표 받으십시오. 내일 아침식사는 1층 로비 옆에 있는 레스토랑에서 ＿＿＿＿＿＿부터 하실 수 있습니다.

B : 그래요? 내일 아침 모닝 콜을 부탁하고 싶은데요.

A : 네. 몇 시에 깨워 드릴까요?

B : ＿＿＿＿＿＿에 해 주세요.

A : 네, 알겠습니다.

ドリル 12

1 例のように、次の文を使役表現に改めなさい。

例 아기가 잡니다. → 아기를 재웁니다.

① 그 사람은 항상 웃습니다. →
② 사람들이 울었습니다. →
③ 그 사람에게 속았습니다. →
④ 아이가 한복을 입습니다. →
⑤ 소매 길이가 줄었습니다. →
⑥ 음식이 남았습니다. →
⑦ 뒷좌석에 아이가 탔습니다. →
⑧ 손님 가방을 맡았습니다. →
⑨ 봄 나물은 입맛이 돋습니다. →
⑩ 아기가 스프를 먹습니다. →

2 「-는/-(은)ㄴ 만큼」を用いて、文を完成させなさい。

① 양이 많으니까 ＿＿＿＿＿＿＿＿＿＿ (먹고 싶다) 만큼 드세요.
② 값이 ＿＿＿＿＿＿＿＿ (싸다) 만큼 질이 좋지 않아요.
③ 날씨가 ＿＿＿＿＿＿＿ (춥다) 만큼 더욱 건강에 유의하세요.
④ 그 분은 모든 사람에게 ＿＿＿＿＿＿＿＿ (존경받다) 만큼 훌륭하신 분입니다.
⑤ 그 사람 성격을 ＿＿＿＿＿＿＿ (알다) 만큼 이해하세요.

3 日本語に訳しなさい。

① 음식을 남기면 안 됩니다.
② 이번 산불은 산 전체를 태우고 말았습니다.
③ 6시에 깨워 주세요.
④ 실력이 좋은 만큼 좋은 대우를 받게 됩니다.
⑤ 사랑은 주는 만큼 기쁨이 더 커집니다.

4 韓国語に訳しなさい。

① 体重を減らせなければなりません。
② 母は娘の帽子を脱がせました。
③ その人は真実を隠しているようです。
④ これ以上その事で心配させないでください。
⑤ 苦労しただけに成功の喜びも大きい。

第12課　내일 5시 쯤에 깨워 드릴까요?

第13課 무엇보다도 단어를 외워야 합니다.

学習事項

1. −아/어/여야 하다 　−(し)なければならない
2. −(을)를 위해서 　−のために
3. −기 위해서 　−(する)ために
4. −에 있어서 　−において
5. −기 시작하다 　−(し)始める

1　A : 한국어 회화를 잘 하기 위해서 어떻게 해야 돼요?
　　B : 무엇보다도 단어를 외워야 합니다.

2　A : 인간은 무엇을 위해서 사는 것일까요?
　　B : 글쎄요. 먹기 위해서 사는 거라고도 해요.

3　A : 벌써 가시려고요?
　　B : 네, 9시까지는 집에 돌아 가야 돼요.

4　A : 환경 오염 문제를 해결하기 위해서 무엇부터 해야 할까요?
　　B : 우선 쓰레기를 분리해서 버려야 합니다.

5　A : 외국어 학습에 있어서 중요한 것이 있다면 무엇일까요?
　　B : 그 언어의 배경인 문화를 이해하는 것이죠.

6　A : 요즘 일이 끝나면 바로 퇴근하시네요.
　　B : 네, 요리를 배우러 다니기 시작했어요.

発音上の注意

* 어떻게 →「어떠케」激音化
* 분리 →「불리」流音化
* 문화 →「무놔」ㅎ無音化・連音化

新しい語彙

- 회화　会話
- 쓰레기　ゴミ
- 한일우호　韓日友好
- 벌써　もう
- 분리　分離
- 공헌　貢献
- 오염　汚染
- 신중하게　慎重に
- 줄을 서다　行列に並ぶ

1 －아/어/여야 하다(되다)〈－(し)なければならない〉
　例文　① 좋은 책을 많이 읽어야 한다.
　　　　② 이 약은 하루에 세 번 식사하기 전에 먹어야 합니다.
　　　　　 이번 주 안으로 제출해야 됩니다.

2 －을/를 위해서〈－のために〉
　後ろに続く内容の目的を表わす。
　例文　① 한일우호를 위해서 공헌을 해야 합니다.
　　　　② 사회를 위해서 무엇을 할 수 있을까요?
　　　　③ 자식들을 위해서 희생하는 부모님들이 많습니다.

3 －기 위해서〈－(する)ために〉
　例文　① 여행을 하기 위해서 작년부터 저금하고 있어요.
　　　　　 그 문제를 해결하기 위해서는 시간이 필요합니다.
　　　　③ 그를 만나기 위해서 달려 왔습니다.

☛「－기 때문에」と「－기 위해서」の比較
　①「기 위해서」は目的を表し、②「기 때문에」は理由や原因を表す。
　＊目的を表わす場合
　例文　① 시험에 합격하기 위해서 밤을 새우며 공부하고 있어요. （○）
　　　　② 시험에 합격하기 때문에 밤을 새우며 공부하고 있어요. （×）
　＊理由や原因を表わす場合
　例文　① 주말에는 아르바이트를 하기 위해서 시간을 낼 수 없어요. （×）
　　　　② 주말에는 아르바이트를 하기 때문에 시간을 낼 수 없어요. （○）

4 －에 있어서 〈－において〉
　例文　① 사회생활에 있어서 인간관계가 중요합니다.
　　　　　 사업에 있어서 자본은 아주 중요합니다.

5 －기 시작하다 〈－(し)始める〉
　例文　① 저는 1년전부터 한국어를 배우기 시작했어요.
　　　　　 아이가 걷기 시작했어요.

会話 13

A : 저 요즘 체중이 늘어서 고민이에요. 체중을 줄이기 위해서 뭐 좋은 방법 없을까요?

B : 글쎄요. 매일 운동을 하면 어떨까요?

A : 수미 씨는 무슨 운동하세요?

B : 아침마다 공원에서 가볍게 운동하며 산책하는데, 건강에도 좋고 기분이 아주 상쾌해요.

A : 저도 다이어트와 건강을 위해서 시작해 볼까요?

発音上の注意

* 없을까요 → 「업쓸까요」 連音化・濃音化
* 가볍게 → 「가볍께」 濃音化
* 같이 → 「가치」 口蓋音化

話してみましょう。

A : 저 요즘 _____(아/어/여)서 고민이에요. _____기 위해서 뭐 좋은 방법 없을까요?

B : 글쎄요. 매일 _____(으)면 어떨까요?

A : _____씨는 무슨 _____하세요?

B : _____마다 _____는데, _____(아/어/여)요.

A : _____기 위해서 시작해 볼까요?

ドリル 13

1「-기 위해서」と「-아/어/여야 하다(되다)」を用いて、1つの文を作りなさい。
① 졸업을 합니다. 단위를 이수합니다. →
② 요리를 배웁니다. 학원에 다닙니다. →
③ 표를 삽니다. 줄을 섭니다. →
④ 내일 아침 일찍 일어납니다. 빨리 잡니다. →
⑤ 새 차를 삽니다. 저금을 합니다. →

2 下線の部分を、「-기 위해서, -기 때문에」を用いて、文を完成させなさい。
① 내일 기말 시험이 ＿＿＿＿＿＿＿(있다) 오늘 밤에는 공부를 해야 합니다.
② 서울은 오사카보다 ＿＿＿＿＿＿＿(춥다) 코트를 가져 왔어요.
③ 입학 시험에 ＿＿＿＿＿＿＿(떨어졌다) 기운이 없어요.
④ 변호사가 ＿＿＿＿＿＿＿(되다) 사법고시에 합격해야 합니다.
⑤ 그 사람이 ＿＿＿＿＿＿＿(실수했다) 시합에 졌습니다.
⑥ 우리들이 ＿＿＿＿＿＿＿(행복해지다) 무엇을 해야 할까요?
⑦ 그 백화점은 너무 ＿＿＿＿＿＿＿(비싸다) 이제 안 갑니다.
⑧ 좋은 논문을 ＿＿＿＿＿＿＿(쓰다) 먼저 필요한 자료들을 수집해야 합니다.
⑨ 그 집은 요리가 ＿＿＿＿＿＿＿(맛이 없다) 점점 손님이 줄었다고 해요.
⑩ 경제를 ＿＿＿＿＿＿＿(회복하다) 정부는 대책을 세워야 합니다.

3 A・B欄の語彙を使って「-을/를 위해서」を用いて、作文しなさい。

A	B
① 여행	준비를 하다
② 결혼	논문을 쓰다
③ 졸업	운동을 하다
④ 건강	돈을 모으다
⑤ 평화	노력을 하다

① ＿＿＿＿＿＿＿＿＿＿＿＿＿
② ＿＿＿＿＿＿＿＿＿＿＿＿＿
③ ＿＿＿＿＿＿＿＿＿＿＿＿＿
④ ＿＿＿＿＿＿＿＿＿＿＿＿＿
⑤ ＿＿＿＿＿＿＿＿＿＿＿＿＿

4 韓国語に訳しなさい。
① 約束は必ず守らなければなりません。
② 合格するために一生懸命勉強しなければなりません。
③ 卒業をするために卒業論文を提出しなければなりません。
④ 人間関係において最も大切なのは信頼です。
⑤ その子は何も言わず泣き始めました。

第14課 한국의 전통놀이에 대해서 쓰려고 해요.

学習事項

1. －에 대해서/관해서　－に対して/関して/ついて
2. －에 대한/관한　－に対する/関する/ついての
3. －에 비해서　－に比べて
4. －에 의해서/－에 의하면/－에 의한　－によって/－によると/－による
5. 接続詞：그러므로〈それゆえ、したがって、それで〉、その他の接続詞

---

1 A : 문화 리포트 테마는 정했어요?
　　B : 네, 한국의 전통놀이에 대해서 쓰려고 해요.

2 A : 무슨 이야기를 그렇게 재미있게 하세요?
　　B : 좋아하는 연예인에 대해 이야기하고 있었어요.

3 A : 수진 씨, 그 책이 이번에 서울에서 사 온 책이에요?
　　B : 네, 한국 풍습에 관한 책이에요.

4 A : 부산에 비해서 서울이 물가가 비싸지요?
　　B : 네, 요즘 물가가 작년보다 더욱 비싸다고 해요.

5 A : 정부 통계에 의하면 실업률이 무척 심각하다고 합니다.
　　B : 세계적인 불경기가 계속 되었으니까요.

6 A : 세계 여러나라는 정치 경제 문화면에 있어서 교류가 더욱 활발해지고 있지요.
　　B : 네, 그래서 앞으로의 국제화시대에 있어서의 외국어 교육은 더욱 중요한 것 같아요.

発音上の注意

＊물가가 →「물까가」濃音化　　＊실업률이 →「시럼뉴리」連音化・鼻音化・連音化

新しい語彙

- 전통놀이　伝統遊び
- 통계　統計
- 저출산　低出産
- 연예인　芸能人
- 불경기　不景気
- 분석　分析
- 실업률　失業率
- 민속　民俗
- 고찰　考察

1 －에 대해서/관해서 〈－について/対して/関して〉
例文　① 한국의 줄다리기에 대해서 조사하러 가는데 어디가 좋을까요?
　　　② 문법에 관해 더 공부를 해야 합니다.

2 －에 대한/관한 〈－に対する/関する/ついての〉
例文　① 가장 최근의 저출산에 대한 통계가 나와 있어요.
　　　② 한국의 전통 놀이에 관한 책을 사 왔습니다.

3 －에 비해서 〈－に比べて〉 比較の基準を表わす。「－에 비하여」の形でも使われる。
例文　① 소득에 비해서 지출이 너무 많은 것 같습니다.
　　　② 사람 수에 비해 장소가 좁지 않을까요?

4 －에 의해서/－에 의하면/－에 의한 〈－によって/－によると/－による〉
根拠を表わす。「－에 의하여」の形でも使われる。
例文　① 김민수 씨의 연구에 의하면 경제가 점점 좋아질 전망이라고 합니다.
　　　② 자료에 의한 분석과 고찰을 한 후에 결론을 쓰면 됩니다.

5 接続詞：그러므로 〈それゆえ、したがって〉 文語体の文で多く使われる。
例文　① 자연은 인간에게 소중합니다. 그러므로 자연이 오염되지 않도록 자연을 보호해야 합니다.
　　　② 문화와 언어는 불가분의 관계입니다.그러므로 언어교육에 있어서 문화에 대한 이해가 필요합니다.

＊その他の接続詞
그리고〈そして〉、그러나〈しかし、ところが〉、그래서〈だから、従って〉、그런데〈ところで〉、그렇지만〈けれども〉、하지만〈だが〉、그러니까〈だから〉、그러면〈それでは〉、그래도〈それでも〉

＊説明文や論述文によく使われる表現
특히〈特に〉、물론〈勿論〉、또한〈又は〉、주로〈主に〉、덧붙여〈さらに付け加えて〉、예를 들어〈例えば〉、바꿔 말하면〈言い換えれば〉、이와 같이〈このように〉、반면〈反面〉、결국〈結局〉

会話 14

A : 졸업 논문 테마 정했어요?
B : 아뇨, 아직 생각 중이에요.
A : 저는 한국의 전통 놀이에 대해서 쓰려고 해요.
B : 그래요? 전통놀이에는 어떤 것이 있어요?
A : 팽이 치기, 연 날리기와 같이 일본의 전통놀이랑 비슷한 놀이도 많아요. 비교연구하면서 각 특징을 고찰하고 싶어요.
B : 재미있겠네요. 저도 한국의 민속이나 풍습에 대해 생각해 봐야 겠어요.

発音上の注意

* 졸업 →「조럽」連音化
* 비슷한 →「비스탄」激音化
* 그렇군요 →「그러쿤뇨」激音化・連音化

話してみましょう。

A : 졸업 논문 테마 정했어요?
B : 아뇨, 아직 생각 중이에요.
A : 저는 _____ 에 대해서 쓰려고 해요.
B : 그래요? _____ 에는 어떤 것이 있어요?
A : _____ (과)와 같이 일본의 _____ (이)랑 비슷한 _____ 도 많아요. 비교연구하면서 각 특징을 고찰하고 싶어요.
B : 재미있겠네요. _____ 에 대해 생각해 봐야 겠어요.

ドリル 14

1 次の下線の部分を、「-에 대해서, -에 비해서, -에 의해서」を用いて、文を完成させなさい。

① 수입이 수출_____ 적어 졌습니다.
② 한국 역사 _____ 공부하고 싶습니다.
③ 선조들 _____ 창조된 고유 문화를 계승하고 발전시켜야 합니다.
④ 오사카는 서울_____ 비가 많이 오는 것 같아요.
⑤ 동양 문화는 서양문화 _____ 정적이라고 말할 수 있다.
⑥ 일본과 한국의 국제교류의 역사 _____ 논문을 쓰고 있어요.

2 次の文の（　）に、下欄の中から適切な接続詞を選んで入れなさい。

> 그리고, 그러나/그렇지만, 그래서, 그러면, 그러므로, 그런데

① 한약은 씁니다. (　　) 몸에 좋습니다.
② 여기에서 기다리십시오. (　　) 곧 안내원이 올 것입니다.
③ 다나카 씨는 서울에서 오래 살았습니다. (　　) 한국말을 잘 합니다.
④ 설악산 지역에 눈이 많이 온다고 합니다. (　　) 등산을 삼가해 주시기 바랍니다.
⑤ 새로 자동차를 샀습니다. (　　) 금방 고장이 났습니다.
⑥ 아침부터 비가 옵니다. (　　) 시합이 중지되었습니다.
⑦ 둘이서 영화를 봤습니다. (　　) 저녁을 먹었습니다.
⑧ 어제 술을 많이 마셨어요. (　　) 머리가 아파요.
⑨ 그는 아무말도 하지 않았습니다. (　　) 전화를 끊었습니다.
⑩ 지금은 국제화 시대입니다. (　　) 외국어 학습이 더욱 필요해졌습니다.

3 日本語に訳しなさい。

① 환경문제에 대해서 이야기합시다.
② 유관순에 관한 논문 자료를 찾고 있습니다.
③ 부산은 서울에 비해서 길이 덜 막혀요.
④ 이번 시합결과에 의해 국가 대표 선수가 결정된다고 해요.
⑤ 언어는 우리의 문화 소산입니다. 그러므로 언어를 더욱 올바르게 사용해야 합니다.

4 韓国語に訳しなさい。

① 政府は失業問題に関する対策を発表しました。
② 韓国の古典文学について研究したいです。
③ 私の質問について答えてください。
④ 昨年に比べて売り上げが減りました。
⑤ その研究によって新しい事実が明らかになりました。

第15課 일찍 일어나야 하니까 일찍 자라.

学習事項

1. 命令文 : -아/어/여라, -아/어/여, -게, -아/어/여요, -(으)세요/(으)십시오
   -(し)ろ/-(し)てください
2. 「말다」否定 : (命令形) -지 말아라/마세요/마십시오   -(する)な/-(し)ないでください
3. (勧誘形) -지 말자/맙시다   -(し)ないようにしょう/しましょう
4. -(으)ㄹ 테니까   -(する)つもりだから/-(する)はずだから/-はずだから

---

1 A : 내일 면접때문에 긴장이 돼서 잠이 안 와요.
   B : 아침 일찍 일어나야 하니까 일찍 자라.

2 A : 밀지 마세요. 위험합니다.
   B : 죄송해요. 저도 밀리고 있어요.

3 A : 저 검정시험 포기할까 봐요.
   B : 포기하지 마세요. 경험이라고 생각하고 시험 보면 어때요?

4 A : 그 집은 좀 불친절하니까 가지 맙시다.
   B : 그럼 다른 식당 어디 아시는 곳 있으세요?

5 A : 누나한테서 아직도 연락이 없어?
   B : 연락이 올 테니까 너무 걱정하지 마세요.

発音上の注意

＊열번 →「열뻔」濃音化   ＊뒷 사람 →「뒫 싸람」濃音化   ＊식당 →「식땅」濃音化

新しい語彙

- 긴장　緊張
- 치우다　片付ける、整頓する
- 졸다　うとうとする、居眠りする
- 밀다　押す
- 꼼짝하다　ちょっと動く
- 소풍　遠足
- 포기하다　諦める
- 쏘다　撃つ、射る
- 마중　迎え

1 命令文 '-아/어/여라, -아/어/여, -게' 〈-(し)ろ〉
　'-아/어/여요, -(으)세요, -(으)십시오' を用いると、〈-(して)ください〉という丁寧な命令表現になる。

　例文
　① 시간이 늦었으니까 자고 가라.　　제일 싼 것으로 사 와라.
　② 시간이 늦었으니까 자고 가.　　　제일 싼 것으로 사 와.
　③ 시간이 늦었으니까 자고 가게.　　제일 싼 것으로 사 오게.
　④ 시간이 늦었으니까 자고 가세요.　제일 싼 것으로 사 오세요.
　⑤ 시간이 늦었으니까 자고 가십시오.　제일 싼 것으로 사 오십시오.

　例文
　① 책상 위를 치워요.
　② 약속은 꼭 지키세요.
　③ 시간이 없으니까 서두르십시오.

2「말다」「-지 말아라/마세요/마십시오」〈-(する)な、-(し)ないでください〉
「말다」は、「途中でやめる、中断する、中止する」という意味を表わす。「마라」は「말다」の命令下称形

　例文
　① 그럼 찍습니다. 움직이지 마세요.
　　꼼짝하지 마라. 움직이면 쏜다.
　＊強調するときには、「만」を付けて表現する。

　例文
　① 그렇게 서 있지만 말아라.
　　출근시간에 늦지만 말아라.

3「-지 말자/맙시다」〈-(し)ないようにしよう/-(する)のを止めましょう〉。
　例文
　① 우리 이제 싸우지 말자.
　　전철에서는 큰 소리로 이야기하지 맙시다.

4 -(으)ㄹ 테니까〈-(する)つもりだから/-(する)はずだから/-だろうから〉
過去形は -았/었/였을 테니까 となる。

　例文
　① 짐이 많을 테니까 공항에 마중갈게요.
　　피곤할 테니까 먼저 목욕 하세요.
　③ 지금쯤 도착했을 테니까 전화해 보세요.

会話 15

A : 김 교수님의 정년 퇴직 선물로 뭐가 좋을까요?
B : 감사의 마음으로 꽃과 선물을 준비하기로 하죠.
A : 그럼 제가 꽃다발을 사 갈 테니까 진수 씨하고 수미 씨가 다른 선물을 준비해 주시겠어요?
B : 네, 그런데 무슨 선물이 좋을까요?
A : 참, 요전에 김 교수님 건강이 좀 안 좋으시다고 들었어요. 술은 사지 말고, 건강에 좋은 인삼차와 같은 건강식품은 어떨까요?
B : 네, 건강식품도 좋겠네요.

発音上の注意

* 꽃과 → 「꼳꽈」 濃音化
* 꽃을 → 「꼬츨」 連音化
* 끊으셨을 → 「끄느셔쓸」 ㅎ無音化・連音化

話してみましょう。

A : _____ 선물로 뭐가 좋을까요?
B : 감사의 마음으로 _____(을)를 준비하기로 하죠.
A : 그럼 제가 _____(을)를 사 갈 테니까 _____씨 하고 _____씨가 다른 선물을 준비해 주시겠어요?
B : 네, 그런데 무슨 선물이 좋을까요?
A : 참, 요전에 김 교수님 건강이 좀 안 좋으시다고 들었어요. _____(은)는 사지 말고, _____(과)와 같은 _____(은)는 어떨까요?
B : 네, _____도 좋겠네요.

ドリル 15

1 次の文を「-아/어/여라」を用いて、命令文に改めなさい。
① 서울에 가면 만나다. →
② 이번 주 안으로 보내다 →
③ 술과 담배를 끊다. →
④ 먼저 단어를 외우다. →
⑤ 아침마다 운동하다. →

2 例文のように、「-지 말고 좀 -아/어/여라」を用いて答えを書きなさい。

例 어머니한테 무슨 말을 자주 들어요? → 놀지 말고 공부 좀 해라.
① 선생님한테 무슨 말을 자주 들어요? → _____
② 부모님한테 무슨 말을 자주 들어요? → _____
③ 선배한테 무슨 말을 자주 들어요? → _____
④ 친구한테 무슨 말을 자주 들어요? → _____

3 次の場所において考えられる禁止表現を、「-지 말다」を用いて、作文しなさい。

例 공원 → 잔디 밭에 들어가지 마십시오.
① 교실 → _____
② 도서관 → _____
③ 공원 → _____
④ 지하철 → _____
⑤ 길 → _____

4 日本語に訳しなさい。
① 한 동안 술을 드시지 마세요.
② 무엇이든지 시작했으면 끝까지 노력해라.
③ 내가 곧 갈테니까 기다리고 있어.
④ 밤에는 추울테니까 코트를 입고 가라.
⑤ 지금 교수님은 연구실에 계실테니까 가 보세요.

5 韓国語に訳しなさい。
① ここでたばこを吸わないでください。
② 手で触らないでください。
③ 室内では走らないでください。
④ 人が多いだろうから少し早く行きましょう。
⑤ 今頃なら終わっているだろうから行くのを止めましょう。

第16課 설날에 무엇을 먹는지 아세요?

学習事項

1. -는/-(으)ㄴ지　　　　　-だろうか/-か/-やら
2. -(으)ㄹ지도 모르다　　-かもしれない
3. -는/-(으)ㄴ/-(으)ㄹ 것 같다　-のようだ/-みたいだ/-そうだ

---

1 A : 설날에 무엇을 먹는지 아세요?
　　B : 한국에서는 떡국을 먹어요. 떡국을 먹어야 나이를 한 살 더 먹는다고 해요.

2 A : 이번에 혜미 씨도 같이 가는 거죠?
　　B : 글쎄요. 아직 갈지 안 갈지 잘 모르겠어요.

3 A : 오늘 약속 시간이 몇시라고 했어요?
　　B : 죄송해요. 전화로 들었는데 몇 시라고 했는지 잊어버렸어요.

4 A : 이번에 배를 처음 타는데 괜찮겠죠?
　　B : 그럼 배멀미 할지도 모르니까 비상약으로 멀미약도 준비하세요.

5 A : 역까지 오시면 전화하세요. 마중갈게요.
　　B : 괜찮아요. 약도 보면서 찾아갈 수 있을 것 같아요.

発音上の注意

* 설날 →「설랄」流音化　　　　* 먹는 →「멍는」鼻音化
* 떡국 →「떡꾹」濃音化　　　　* 갈지 →「갈찌」濃音化

新しい語彙

- 떡국　雑煮　・한 살 먹다　1歳年をとる　・배멀미　船酔い　・단정하다　断定する
- 식은 죽 먹기 「冷たい粥を食べる」(至ってたやすいことだ)
- 쥐구멍　ねずみの穴　・부끄럽다　恥ずかしい　・모자라다　足りない

1 －는/(으)ㄴ지 〈－だろうか/－か/－やら〉、過去：－았/었/였는지、未来・推量：－(으)ㄹ지

懷疑を表わす。

1) －는/(으)ㄴ지 〈－だろうか/－か/－やら〉

例文　① 이 물건이 정말 모두 가짜인지요?
　　　　장소가 여기인지 모두 알고 있는지요?

2) －았/었/였는지 〈－(した)だろうか/－(した)か/－(した)やら〉

例文　① 밖에 비가 그쳤는지 나가 보세요.
　　　　서울에서 연락이 왔는지 확인해 보세요.

3) '얼마나' などと共に程度がはなはだしいことを表わす。

例文　① 요즘 얼마나 바쁜지 정신이 없어요.
　　　　얼마나 긴장했는지 식은 땀이 났어요.

4) 未来・推量：－(으)ㄹ지

例文　① 이 책이 많이 팔릴지 의문입니다.
　　　　일이 몇 시에 끝날지 모르겠어요.

2 －(으)ㄹ지도 모르다 〈－かもしれない〉

例文　① 같은 물건이라도 일본에서 사면 더 비쌀지도 몰라요.
　　　　이번엔 그 선수가 이길지도 몰라요.
　　　③ 길이 막히니까 늦게 도착할지도 몰라요.

3 －는/(으)ㄴ/(으)ㄹ 것 같다 〈－らしい/－そうだ/－ようだ/－みたいだ〉推量を表わす。

	過去	現在	未来・推量
가다 → 먹다 →	간 것 같다 먹은 것 같다	가는 것 같다 먹는 것 같다	갈 것 같다 먹을 것 같다
크다 → 작다 →	컸던 것 같다 작았던 것 같다	큰 것 같다 작은 것 같다	클 것 같다 작을 것 같다
있다 →	있던/있었던 것 같다	있는 것 같다	있을 것 같다
이다 →	였던/이었던 것 같다	인 것 같다	일 것 같다

例文　① 그 분은 젊었을 때 야구선수였던 것 같아요.
　　　　두 사람은 1년전 부터 사귀는 것 같아요.
　　　③ 7시까지는 도착할 것 같아요.

＊口語体では '것' の代わりに '거' が用いられ、未来・推量の「(으)ㄹ 거」の場合には '꺼' と発音される。

例文 교수님도 참석하실 거 같아요.
　　　이번 주말에는 시간이 좀 날 거 같아요?

会話 16

A : 선물 다 샀어요?
B : 직장 동료들에게 줄 선물을 아직 못 샀어요. 어떤 게 좋을지 고를 수가 없네요.
A : 한국적인 특색이 있는 고추 초콜릿은 어때요?
B : 글쎄요? 고추가 들어 있어서 매울지도 모르잖아요?
A : 아뇨, 전에 친구한테 선물로 받아서 먹어 본 적이 있는데, 맵지 않고 아주 맛있었어요.
B : 그래요? 그럼 고추 초콜릿하고 제주도 감귤 쵸콜릿을 살게요.

発音上の注意

＊좋을지 →「조을찌」濃音化　　　＊매울지도 →「매울찌도」濃音化

話してみましょう。

A : 선물 다 샀어요?
B : ＿＿＿＿＿＿＿에게 줄 선물을 아직 못 샀어요. 어떤 게 좋을지 고를 수가 없네요.
A : ＿＿＿＿＿＿＿＿＿＿＿＿＿(은)는 어때요?
B : 글쎄요? ＿＿＿＿＿(은)는 ＿＿＿＿＿(을)르지도 모르잖아요.
A : 아뇨, ＿＿＿＿＿＿＿＿(은)ㄴ 적이 있는데, ＿＿＿＿＿＿＿(았/었/였)어요.
B : 그래요? ＿＿＿＿＿＿＿＿＿＿＿＿＿＿(을)를 살게요.

ドリル 16

1 下線部分を、「-았/었/였는지, -는지/-(으)ㄴ지」を用いて、文を完成させなさい。
① 이 노래 어떻게 ＿＿＿＿＿＿＿＿＿ (부르다) 가르쳐 주세요.
② 표 사는 곳이 ＿＿＿＿＿＿＿＿＿ (어디이다) 가르쳐 주시겠어요?
③ 이번에 진수씨도 ＿＿＿＿＿＿＿＿＿ (초대하다) 물어보세요.
④ 예약이 ＿＿＿＿＿＿＿＿＿＿＿＿ (되어 있다) 확인해 주시겠어요?
⑤ 어제 갑자기 연락이 와서 얼마나 ＿＿＿＿＿＿＿ (놀라다) 몰라요.
⑥ 영화가 얼마나 ＿＿＿＿＿＿＿ (슬프다) 극장 안에 있는 사람 모두 울었어요.

2 例のように、「-(으)ㄹ지도 모르다」を用いて、一つの文を作りなさい。
例 전화가 오다. 잠깐만 기다리다. → 전화가 올지도 모르니까 잠깐만 기다리세요.
① 저는 조금 늦다. 먼저 식사하다. →
② 늦잠을 자다. 7시에 깨워 주다. →
③ 아기가 깨다. 조용히 하다. →
④ 길이 막히다. 일찍 출발하다. →
⑤ 돈이 모자라다. 좀 빌려주다. →

3 下線部分を、「-는/-(으)ㄴ/-(으)ㄹ 것 같다」を用いて、文を完成させなさい。
① 수진 씨는 유학을 마치고 작년에 한국으로 ＿＿＿＿＿＿ (돌아가다) 것 같아요.
② 겨울에는 오사카보다 서울이 더 ＿＿＿＿＿＿＿ (춥다) 것 같아요.
③ 언니보다 여동생이 더 ＿＿＿＿＿＿＿ (예쁘다) 것 같아요.
④ 진수 씨는 내년에 공무원 시험을 ＿＿＿＿＿＿＿ (보다) 것 같아요.
⑤ 두 사람은 작년에 ＿＿＿＿＿＿＿ (헤어지다) 것 같아요.

4 日本語に訳しなさい。
① 내일은 흐릴 것 같아요.
② 누가 범인인 것 같아요?
③ 이번에 합격할 것 같아요?
④ 10분 일찍 출발하는 것이 좋을 것 같아요.
⑤ 지금 집에 없을 지도 몰라요.

5 韓国語に訳しなさい。
① この料理は辛そうです。
② 午後から曇りそうです。
③ 今何をしているのかご存知ですか。
④ 何番ホームで乗るのかご存知ですか。
⑤ もう出発したのかも知れません。

第17課　어제부터 목이 좀 아프고 머리도 아파요.

学習事項

1. -고　-(し)て/-くて/-(し)てから
2. -았/었/였더니　-(し)たら/-くと

1　A : 어떻게 오셨습니까?
　　B : 어제부터 목이 좀 아프고 머리도 아파요.

2　A : 주말에는 주로 뭐 하세요?
　　B : 집 안의 대청소도 하고, 낮잠도 자고, 주로 집에서 쉬는 편이에요.

3　A : 이번 부산 여행 어땠어요?
　　B : 배를 타고 갔더니 부산항의 야경이 한 눈에 보였어요.

4　A : 얼마 전에 컴퓨터를 샀다고 하더니 벌써 고장났어요?
　　B : 네, 값이 싸서 중고를 샀더니 금방 고장난 것 같아요.

5　A : 다음 주에 출발할 예정이라면서 아직도 표를 못 샀어요?
　　B : 여행사에 전화했더니 주말이라서 표가 매진되었다고 해요.

発音上の注意

*낮잠 →「낮짬」濃音化　　　*도착해요 →「도차캐요」激音化

新しい語彙

- 낮잠　昼寝
- 진달래　カラムラサキツツジ
- 기침　咳
- 새벽　夜明け
- 목이 붓다　喉がはれる
- 한산하다　ひっそりしている、閑散としている
- 면세점　免税店
- 재채기　くしゃみ

1 －고 〈－(し)て/－くて/－(し)てから〉

1) 2つ以上の事実を羅列する。

例文　① 여름은 덥고 겨울은 추워요.
　　　② 낮 말은 새가 듣고 밤 말은 쥐가 듣는다.
　　　（壁に耳あり障子に目あり）

2) 2つ以上のことが同時に起きることを表す。

例文　① 누나가 피아노를 치고 제가 노래해요.
　　　② 눈이 오고 바람도 불었어요.

3) 先行を表わす。

例文　① 영화를 보고 식사를 했어요.
　　　② 숙제를 하고 텔레비전을 봤어요.

4) 先行の文の動作が完了し、その状態が続いていることを表わす。

例文　① 한복을 입고 파티에 갔어요.
　　　　자전거를 타고 공원에 가요.

＊－이고 〈体言＋－であり〉体言が母音で終わる場合 '이' が省略される場合が多い。

例文　① 우리 형은 의사(이)고, 누나는 공무원이에요.
　　　　이 꽃은 철쭉이고, 저 꽃은 진달래예요.

☛「－고」と「－아/어/여서」の例文の比較

例文　・① 공원에 가고 친구들과 놀았습니다. (×)　② 공원에 가서 친구들과 놀았습니다. (○)
　　　　① 숙제를 하고 친구들과 놀았습니다. (○)　② 숙제를 해서 친구들과 놀았습니다. (×)

2 －았/었/였더니 〈－(し)たら/－くと〉

根拠や原因を表わす。

例文　① 약속장소에 갔더니 아무도 없었어요.
　　　　한참을 걸었더니 다리가 무감각해졌어요.
　　　③ 병원을 며칠 다녔더니 금방 회복되었어요.

＊－더니 〈－たのに/－と思ったら〉は、話者が過去を回想しながら、後続文でその後に起こった変化を述べる。

例文　① 어릴 때는 반에서 키가 제일 작더니 지금은 키가 180센티라고 해요.
　　　　요즘 밤을 새우며 공부하더니 병이 난 것 같아요.

会話 17

A : 어떻게 오셨습니까?
B : 어제 아침부터 감기 기운이 있는 것 같아요. 재채기도 나오고 목이 좀 아파요.
A : 목이 빨갛게 부었군요. 기침은 안 하세요?
B : 네, 기침은 안 하지만 재채기가 심하게 나요.
A : 지금은 열이 없지만 목이 부어서 열이 날 수도 있습니다. 약 드시면서 따뜻한 물이나 녹차를 많이 드시고 푹 쉬십시오.

発音上の注意

* 빨갛게 → 「빨가케」激音化
* 부었군요 → 「부얻꾸뇨」濃音・連音化
* 따뜻한 → 「따뜨탄」激音化

話してみましょう。

A : 어떻게 오셨습니까?
B : ＿＿＿＿＿＿＿부터 감기 기운이 있는 것 같아요. ＿＿＿＿＿＿고 ＿＿＿＿＿＿(이)가 아파요.
A : ＿＿＿＿＿＿＿＿군요. ＿＿＿＿＿(은)는 안 하세요?
B : 네, ＿＿＿＿(은)는 안 하지만 ＿＿＿＿＿(아/아/여)요.
A : ＿＿＿＿＿(은)는 없지만 ＿＿＿＿(아/어/여)서 ＿＿＿＿＿＿(을)ㄹ 수 있습니다. ＿＿＿＿＿＿＿＿＿＿＿(으)십시오.

ドリル 17

1 下線部分を、「-고, -아/어/여서」を用いて、文を完成させなさい。

　例　수박은 ___크고___ (크다) 달았어요. (すいかは大きくて甘かったです。)

　① 이를 _____ (닦다) 세수를 합니다.
　② 시험 문제가 너무 _____ (어렵다) 답을 다 못 썼어요.
　③ 머리가 _____ (아프다) 열이 나요.
　④ 공기도 _____ (맑다) 조용해서 좋아요.
　⑤ 백화점에 _____ (가다) 옷을 샀어요.

2 例のように、「-고, -아/어/여서」を用いて、一つの文を作りなさい。

　例　청소를 해요./ 커피를 마셔요. → 청소를 하고 커피를 마셔요.

　① 배가 고팠어요./ 빵을 먹었어요. →
　② 병원에 갑니다. /진찰을 받습니다. →
　③ 평일은 한산해요./ 주말은 붐벼요. →
　④ 어제 술을 많이 마셨어요./머리가 아파요. →
　⑤ 여기에 앉아요./ 이야기해요. →

3 次の質問に、例文のように「-았/었/였더니」を用いて、答えなさい。

　例　며칠 잠을 못 자다/ 감기 기운이 있다 → 며칠 잠을 못 잤더니 감기 기운이 있어요.

　① 전화를 하다/ 벌써 출발했다고 하다 →
　② 부모님께 선물을 드리다 /좋아하시다 →
　③ 하루종일 컴퓨터를 하다/ 눈이 아프다 →
　④ 점심을 너무 많이 먹다/배가 아프다 →
　⑤ 메일을 보내다/ 바로 연락이 오다 →

4 韓国語に訳しなさい。

　① 百貨店でショッピングをして食事をしました。→
　② 彼は帽子をかぶって来ました。 →
　③ ソウルに行ったら、明洞にも行きたいし、南山にも行きたいです。→
　④ 薬を飲んだら良くなりました。 →
　⑤ 駅に着いたらもう電車は出発した後でした。 →

第18課 아이들은 팽이 치기나 연 날리기를 해요.

学習事項

1. -(이)나　-や/-か
2. -거나　-(する)か/-(し)たり
3. -(이)란　-とは/-というものは
4. -(이)야말로　-こそ
5. -(으)로서/-(으)로써　-として/-であって/-で/-でもって/-を使って
6. -조차　-すら
7. -커녕/(은)는 커녕　-どころか/-はおろか

1　A : 겨울에 하는 전통놀이로는 무엇이 있어요?
　　B : 아이들은 팽이치기나 연 날리기를 해요.

2　A : 수미 씨는 휴일에 주로 뭘 하며 지내요?
　　B : 음악을 듣거나 책을 읽어요.

3　A : 진정한 친구란 어떤 친구를 말하는 걸까요?
　　B : 친구가 어려움에 처했을 때 힘이 되어주는 존재가 아닐까요?

4　A : 그 사람과 자주 만나요?
　　B : 만나기는 커녕 전화 한 통도 못 했어요.

発音上の注意

*듣거나 →「듣꺼나」濃音化　　*읽어요 →「일거요」連音化

新しい語彙

- 팽이 치기　コマまわし
- 연 날리기　凧揚げ
- 꽃꽂이　生け花
- 리무진　リムジン

1 -(이)나〈-や/-か〉
2つ以上の体言を羅列したり、羅列した中の一つを選ぶときに用いられる。
　[例文] 1)　① 저는 역사나 지리에 관심이 많아요.

아침에는 미역국이나 된장국이 좋지요.
- 例文 2) ① 모임은 금요일 오후나 토요일로 하면 어때요?
  점심은 간단하게 김밥이나 샌드위치로 하죠.

2 −거나 〈−(する)か／−(し)たり〉 2つ以上の動作や状態を羅列する。
- 例文 ① 부모님께는 가끔 편지를 보내거나 전화드립니다.
  시간이 나면 쇼핑을 하거나 여행을 해요.

＊−거나 말거나 〈−だろうと−なかろうと／−(し)ようが−(し)まいが〉
肯定と否定を羅列し、そのうちどちらを選んでも良いという意を表す。
- 例文 ① 그 일이 성공하거나 말거나 난 상관하지 않는다.
  그는 다른 사람들이 있거나 말거나 항상 큰 소리로 말한다.

3 −(이)란 〈−とは／−というものは〉
何かについて定義する。'−이라고 하는 것은'の縮約語である。
- 例文 ① 주제란 필자가 나타내려는 가장 핵심적인 생각이나 주된 내용을 말한다.
  ② 기행문이란 여행한 곳에서 보고 듣고 느낀 점을 여행 일정에 따라 쓰는 글이다.

4 −(이)야말로 〈−こそ〉 強調を表す。
- 例文 ① 결혼이야말로 일생에 있어서의 대사이다.
  ② 그 사람이야말로 우리에게 꼭 필요한 사람이다.

5 −(으)로서 〈資格：−として〉／−(으)로써 〈道具・手段：−で／−でもって／−を使って〉
'서'や'써'を省略して'(으)로'だけ用いる場合も多い。
- 例文 ① 부모로서 해 줄 수 있는 것은 다 해 주고 싶습니다.
  ② 인내와 믿음으로써 지금의 고난을 극복해 갑시다.

6 −조차 〈−さえも／−すら〉
- 例文 ① 저는 그 사람의 이름조차 들은 적이 없어요.
  날씨가 이렇게 더운데 물조차 안 나오다니.

7 −커녕／−(은)는 커녕 〈−どころか／−おろか〉
- 例文 ① 편지는 커녕 전화 한 통 없어요.
  ② 저축하기는 커녕 생활하기에도 부족합니다.

・−커녕 −조차 〈−どころか−さえ〉
- 例文 ① 한국어로 회화는 커녕 글자 읽기조차 못해요.
  ② 이번 여름에는 바다는 커녕 가까운 수영장조차 한 번 못 갔어요.

会話 18

A : 실례지만, 수원 민속촌에 가려고 하는데 이번 역에서 2호선으로 갈아타면 됩니까?
B : 네, 이번 역에 내리셔서 갈아타시고 2호선 수원행 종점까지 가세요.
A : 수원 역에 내려서 민속촌까지 걸어 갈 수 있나요?
B : 아뇨, 역 앞에서 민속촌행 리무진 버스를 타시거나 택시로 가시면 됩니다.
택시로 가시면 아마 기본 요금보다 조금 더 나올 거예요.

発音上の注意

* 종점 →「종쩜」濃音化
* 택시 →「택씨」濃音化
* 역 앞에서 →「여가페서」連音化

話してみましょう。

A : 실례지만 _____에 가려고 하는데 이번 역에서 갈아타면 됩니까?
B : 네, 이번 역에 내리셔서 갈아타시고 _____까지 가세요.
A : _____역에 내려서 _____까지 걸어 갈 수 있나요?
B : 아뇨, 역 앞에서 _____(을)를 타시거나 _____(으)로 가시면 됩니다.
_____(으)로 가시면 아마 _____(을)ㄹ 거예요.

ドリル 18

1 例のように、下欄から適切な助詞を選び、書き入れなさい。

```
-(이)나   -(이)란   -(이)야말로   -조차   -(으)로서/(으)로써
-커녕/-(은)는 커녕
```

例 저는 책을 살 때 소설이나 수필을 삽니다.

① 민족문화_____ 그 민족 고유의 풍습과 언어 등과 같은 생활양식 전체를 포함한다.
② 너무 바빠서 전화벨소리_____ 못 들었어요.
③ 정치가_____ 자신의 욕심보다 국민의 생활을 먼저 생각해야 합니다.
④ 요즘 아이들은 햄버거_____ 피자와 같은 음식만 먹으려고 해요.
⑤ 요즘은 너무 바빠서 밥 먹을 시간_____ 없습니다.
⑥ 저는 감자탕_____ 해물탕과 같은 맵고 맛있는 요리를 좋아해요.
⑦ 이곳에 휴지_____ 담배 꽁초를 버리면 안 됩니다.
⑧ 그는 훌륭한 지도자_____ 한 평생 민족을 위해 살았습니다.
⑨ 사랑하는 마음_____ 대할 때 마음을 엽니다.
⑩ 경제가 좋아지기는_____ 점점 불경기가 가속화 되고 있습니다.

2 日本語に訳しなさい。

① 신라의 도읍지인 경주나 백제의 도읍지인 부여를 가 보세요.
② 시간이 있을 때는 요리를 하거나 꽃꽂이를 해요.
③ 친구란 슬플 때 함께 울어 주고 기쁠 때 함께 웃어 주는 것이다.
④ 학생으로서 해야 할 일이 무엇인지 생각해야 합니다.
⑤ 그는 밥을 먹기는 커녕 물 마실 기력조차 없었다.

3 韓国語に訳しなさい。

① 韓流スターとしてはペヨンジュンやイビョンホンを挙げることができます。
② 休日は音楽を聴いたり、ビデオを見たりしながら過ごしています。
③ 平和的な統一こそ我が民族の願いです。
④ 彼は涙一滴すら流しませんでした。
⑤ 最近は本どころか漫画も読みません。

第19課 수입은 적은 데 지출이 늘어 나네요.

学習事項

1. -는/-(으)ㄴ데　　-だが/-だから/-なんだが/-のに
2. -는/-(으)ㄴ데요　-のに、-ですが/-ですね
3. 日を数えるときの固有数字
4. -(는)ㄴ다/-다면서요　-だそうですね

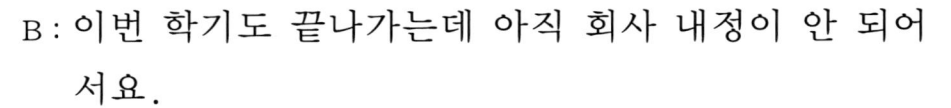

---

1 A : 무슨 걱정이라도 있어요?
　　B : 이번 학기도 끝나가는데 아직 회사 내정이 안 되어서요.

2 A : 외국으로 송금하려고 하는데 몇 번 창구입니까?
　　B : 5번 창구로 가십시오.

3 A : 이 청바지는 어떻습니까?
　　B : 사이즈가 좀 작아 보이는데요.

4 A : 한국에서 부모님이 오셨다면서요? 어디 좋은 곳 안내 좀 해드렸어요?
　　B : 네, 이틀 전에 오셨는데 오늘은 교토를 구경시켜드렸고, 내일은 가까운 온천에 모시고 갈 생각이에요.

発音上の注意

* 학비 → 「학삐」鼻音化　　　* 오셨는데 → 「오션는데」鼻音化

新しい語彙

- 송금　送金
- 비결　秘訣
- 모시다　仕える
- 내정　内定
- 맞춘 옷　オーダーメイド
- 영수증　領収証
- 온천　温泉
- 신부　新婦
- 매장　売り場

1 －는/－(으)ㄴ데〈－だが/－だから/－なんだが/－のに〉、－는/－(으)ㄴ데도 불구하고〈－(する)のにも関わらず〉、過去表現は－았/었/였는데

1) 前置きを表わす。

　例文　① 짐이 많은데 카운터에 맡기고 갈까요?
　　　　② 시간이 여유가 있는데 커피 한 잔 하고 갈까요?

2) 逆接を表わす。

　例文　① 그 씨름 선수는 몸집은 큰데 힘이 없어요.
　　　　② 사흘 전에 보냈는데 도착했다는 연락이 없어요.
　　　　③ 바쁜 데도 불구하고 와 주셔서 감사합니다.

2 －는/－(으)ㄴ데요〈－ですが/－ですね〉

1) 婉曲・余韻を表わす。　例文　① 그 사람은 마음이 착한 사람인데.
　　　　　　　　　　　　　　② 모두 같이 갔으면 좋은데요.

2) 非難・反論を表わす。　例文　① 이 물건이 더 좋아 보이는데요.
　　　　　　　　　　　　　　② 저는 이렇게 생각하는데요.

3) 感嘆を表わす。　例文　① 신부가 정말 예쁜데요.
　　　　　　　　　　　② 이 커피숍 정말 분위기 좋은데요.

3 日を数えるときの固有数字

1日　2日　3日　4日　5日　6日　7日　8日　9日　10日　11日…20日　　21日……30日
하루　이틀　사흘　나흘　닷새　엿새　이레　여드레　아흐레　열흘　열하루　스무날　스무하루……그믐

＊「초하루(ついたち)」は1ヶ月の最初の日を、「그믐(晦日)」は最後の日を、「보름(15日)」は「15日目」と「15日間」を表す。

4 －는/ㄴ다/－다면서요〈－だそうですね〉、(過去) －았/었/였다면서요〈－だったそうですね〉

1) 伝え聞いた事柄を確認するときに用いる。

　例文　① 한국에 유학간다면서요?
　　　　② 집이 학교에서 매우 멀다면서요?
　　　　③ 이번 한글 검정시험이 쉬웠다면서?

2) 名詞に付くときは '(이)라면서요' となる。

　例文　① 한국에서 유명한 배우라면서요?
　　　　② 그 분이 사장님이라면서요?

会話 19

A : 실례지만, 이거 이틀 전에 샀는데 사이즈가 안 맞아서 바꾸려고 왔는데요.
B : 그러세요? 사신 영수증을 보여주시겠어요?
A : 여기 있습니다.
B : 네, 그럼 다른 상품으로 고르시겠습니까? 현금 반환이 안 되거든요.
A : 알겠습니다. 같은 상품으로 사이즈가 큰 것으로 바꾸고 싶은데, 매장이 어디죠?
B : 3층 여성복 매장 오른쪽에 있습니다.
A : 알겠습니다. 감사합니다.

発音上の注意

＊샀는데 → 「산는데」 鼻音化　　＊반환이 → 「바놔니」 ㅎ無音化・連音化

話してみましょう。

A : 실례지만 이거 _____에 샀는데 _____(아/어/여)서 바꾸려고 왔는데요.
B : 그러세요? 사신 영수증을 보여주시겠어요?
A : 여기 있습니다.
B : 네, 그럼 다른 상품으로 고르시겠습니까? 현금 반환이 안 되거든요.
A : 알겠습니다. _____(으)ㄴ 것으로 바꾸고 싶은데, 매장이 어디죠?
B : ____층 _____매장 _____에 있습니다.
A : 알겠습니다. 감사합니다.

ドリル 19

1 「-는/-(으)ㄴ데、-았/었/였는데」を用いて、一つの文を作りなさい。
　① 식사 시간입니다. 식사하러 갈까요? →
　② 한국어 공부를 열심히 하고 있어요. 회화가 늘지 않아요. →
　③ 안색이 안 좋아요. 어디 몸이 안 좋으세요? →
　④ 아까부터 기다렸습니다. 내일 다시 오라구요? →
　⑤ 어제부터 전화를 몇번이나 드렸어요. 계속 통화 중이었어요. →

2 下線部分を、「-는/-(으)ㄴ데、-았/었/였는데」を用いて、文を完成しなさい。
　① 항상 ＿＿＿＿＿＿＿ (수고하시다) 도와 드리지 못해 죄송해요.
　② 이렇게 날씨가 ＿＿＿＿＿＿＿ (춥다) 감기에 걸리지 않도록 조심하세요.
　③ 여행을 ＿＿＿＿＿＿＿ (가고 싶다) 일이 너무 바빠요.
　④ 번역을 할 때는 사전을 ＿＿＿＿＿＿＿ (찾다) 너무 시간이 걸려요.
　⑤ 약을 계속 ＿＿＿＿＿＿＿ (먹다) 낫지 않습니다.
　⑥ 사람이 너무 ＿＿＿＿＿＿＿ (많다) 다음에 사기로 하지요.
　⑦ 취직 ＿＿＿＿＿＿＿ (해야 하다) 아직도 내정이 안 됐어요.
　⑧ 빨리 성공해서 ＿＿＿＿＿＿＿ (효도하고 싶다) 생각대로 안 돼요.
　⑨ 잠을 푹 ＿＿＿＿＿＿＿ (잤다) 또 졸음이 와요.
　⑩ 일 주일 전에 자전거를 새로 ＿＿＿＿＿＿＿ (샀다) 벌써 고장이 났어요.

3 日本語に訳しなさい。
　① 이번에는 꼭 합격을 해야 하는데.
　② 결혼식은 다음 달 초하루일 거에요.
　③ 일본에 온 지 1년도 안 되었는데 일본어를 아주 잘해요.
　④ 5년동안 사귀었는데 헤어졌다면서요?
　⑤ 그 사람 많이 아프다면서요?

4 韓国語に訳しなさい。
　① 寒いのにも関わらず来てくれてありがとうございます。
　② 前に一度会ったのに名前が思い出せません。
　③ 雨が降っているのに試合があるようです。
　④ 来月に結婚するそうですね。
　⑤ 家を建てて引越しをしたそうですね。

第20課 축구를 하다가 다리를 다쳤어요.

学習事項

1. -다가 -に
2. -아/어/여다가 -(し)て/-(し)ていて/-(し)てから
3. -다가 -(し)かけて/-(する)途中
4. -았/었/였다가 -(し)てから
5. -을/를 통해서/통하여 -を通じて/-を通して
6. -는/-(으)ㄴ 반면에 -(する)反面

---

1 A : 손님, 여기에다가 사인을 해주시겠어요?
　　B : 네, 알겠습니다.

2 A : 어쩌다가 다리를 다쳤어요?
　　B : 축구를 하다가 다리를 다쳤어요.

3 A : 힘들어 보이네요. 무슨 일 있었어요?
　　B : 회사에 갔다가 몸이 안 좋아서 조퇴를 하고 오는 중이에요.

4 A : 빌려주신 책 잘 읽었어요. 역시 대단한 작가라고 느꼈어요.
　　B : 저도 그 책을 통해서 그 작가를 더 좋아하게 되었어요.

5 A : 요즘 물가가 많이 올라서 정말 걱정이에요.
　　B : 물가가 비싸진 반면 월급은 오르지 않네요.

発音上の注意

＊무슨 일 → 「무슨 닐」ㄴ添加　　＊거짓말 → 「거진말」鼻音化
＊작가 → 「작까」濃音化

新しい語彙

- 작가　作家
- 월급　月給・給料
- 줍다　拾う
- 엿보다　のぞき見る、うかがい知る
- 귀족적　貴族的
- 서민적　庶民的

1 －다가〈－に〉動作の対象を示す助詞「에, 에게, 로, 한테」などに付いて用いられる。
　例文　① 여기 서명란에다가 이름을 쓰시고 도장을 찍어 주세요.
　　　　② 그 큰 가방 위에다가 올려 놓으시면 돼요.

2 －아/어/여다가〈－(し)て／－(し)ていて／－(し)てから〉動詞の連用形に付いて用いられる。
　例文　① 동생이 매미를 잡아다가 기르고 있어요.
　　　　② 돌을 주워다가 화단을 만들었어요.

3 －다가〈－(し)て／－(する)途中〉
語幹に付いて、継続していた動作や状態の途中で次の動作や状態に移るときに用いられる。
　例文　① 쉬지 않고 일하다가 병이 났어요.
　　　　② 물을 끓이다가 손을 데었어요.
　　　　③ 학교에 가다가 선생님을 만났어요.

4 －았/었/였다가〈－(し)てから／－(し)ては〉動作が完了した後に次の動作へ移ることを示す。
　例文　① 헤어지자는 편지를 썼다가 찢어 버렸어요.
　　　　② 학교에 갔다가 몸이 안 좋아져서 돌아 왔어요.
　　　　③ 우체국에 들렀다가 갈게요.

5 －(을)를 통해서/통하여〈－を通じて／－を通して〉
　例文　① 그 사람을 통해서 저희들이 만나게 되었어요.
　　　　② 이 책을 통해서 그 시대의 생활문화를 엿볼 수 있습니다.
　　　　③ 그 사건은 오늘 아침 뉴스를 통해서 전 국민에게 알려졌습니다.

6 －는/－(은)ㄴ 반면에　〈－(する)反面〉
２つの事実を反対の面から見るときに用いられる。
　例文　① 수출이 적어진 반면에 수입이 많아졌습니다.
　　　　② 이 물건은 비싼 반면, 질이 좋지 않아요.
　　　　③ 고려 문화는 귀족적인 반면에 조선 문화는 서민적이었다고 해요.

会話 20

A : 어서 오십시오. 예약하셨습니까?
B : 아니오, 예약을 못 했는데, 방 있습니까?
A : 네, 마침 싱글 룸이 하나 비어 있습니다.
B : 다행이네요. 싱글 룸으로 부탁합니다. 숙박비는 하루에 얼마지요?
A : 40,000원입니다. 여기에다가 사인해 주시겠습니까?
B : 알겠습니다. 실례지만 항공권을 예약하고 싶은데 연락처를 알려주시겠어요?
A : 저희 호텔 앞에 여행사가 있는데 그 여행사를 통해서 예약하시면 어떠신지요?
B : 아, 그래요? 감사합니다.

発音上の注意

* 예약하시겠습니까 →「예야카시겐씁니까」激音化・鼻音化
* 숙박비 →「숙빡삐」濃音化

話してみましょう。

A : 어서 오십시오. 예약하셨습니까?
B : 아니오, 예약을 못 했는데, 방 있습니까?
A : 네, 마침 싱글 룸이 하나 비어 있습니다.
B : 다행이네요. 부탁합니다. 숙박비는 하루에 얼마지요?
A : _____원입니다. 여기에다가 사인해 주시겠습니까?
B : 알겠습니다. 실례지만 _____ 하고 싶은데 연락처를 알려주시겠어요?
A : 저희 호텔 앞에 _____(이)가 있는데, _____(을)를 통해서 예약하시면 어떠신지요?
B : 아, 그래요? 감사합니다.

ドリル 20

1「-아/어/여다가, -았/었/였다가」を用いて、一つの文を作りなさい。

① 백화점에서 쇼핑을 하다./ 친구를 만나다.→
② 비행기 표를 예약하다. / 취소하다.→
③ 잠을 자다./ 침대에서 떨어지다.→
④ 어제 동경에 가다./ 오늘 오다.→
⑤ 이틀 전 학교에 가다./ 박 선생님을 만나다.→

2 A・B欄の語彙を使って、「-는/-(으)ㄴ 반면에」を用いて、文を作りなさい。

A	B
수학을 잘하다	요리가 맛있다
불친절하다	스포츠를 잘 하다
쓰다	몸에 좋다
공부를 잘 하지 못 하다	영어를 못하다
살기가 좋다	교통이 불편하다

① 그 분은 _____
② 한약은 _____
③ 새로 이사한 곳은 _____
④ 우리 아이는 _____
⑤ 그 가게는 _____

3 日本語に訳しなさい。

① 도서관에 갔다가 이 교수님을 만났어요.
② 소지품은 카운터에다가 맡기시고 번호표를 받으십시오.
③ 이번 여행을 통해서 한국어 공부가 더욱 즐거워졌어요.
④ 선생님의 강연을 통해서 많은 것을 배웠습니다.
⑤ 그는 항상 친절하고 마음이 착한 반면에, 한번 화를 내면 무섭다.

4 韓国語に訳しなさい。

① せんべいを食べていて歯が抜けました。
② スカートを着てからすぐズボンに着替えました。
③ その映画を通じて韓国の歴史が分かりました。
④ いつも旅行会社を通じて航空券を買います。
⑤ ここは湿気が多い反面、寒くはないです。

単語まとめ

( )の中の数字は課数

ㄱ

가죽 제품　革の製品　(2)
갈아타다　乗り換える　(7)
감명　感銘　(6)
감촉　感触　(5)
거짓말　嘘　(20)
건배　乾杯　(13)
결승전　決勝戦　(5)
경기　景気　(5)
고생　苦労　(2)
고찰　考察　(14)
곳　所　(6)
공항　空港　(1)
공헌　貢献　(13)
구름이 끼다　雲が出る　(3)
국제교류　国際交流　(6)
국화　菊の花　(7)
궁전　宮殿　(4)
귀족적　貴族的　(20)
귀중품　貴重品　(12)
그치다　止む、止まる　(4)
기념품　記念品　(17)
기운이 없다　気力がない　(9)
기침　咳　(17)
긴장　緊張　(15)
꼼짝하다　ちょっと動く　(15)
꽃꽂이　生け花　(18)

끈　紐　(5)

ㄴ

낙서　落書　(10)
낮잠　昼寝　(17)
내정　内定　(19)
놀라다　びっくりする　(16)
늦잠　朝寝坊　(2)

ㄷ

다이어트　ダイエット　(12)
단위　単位　(13)
단정하다　断定する　(16)
담그다　つける、作る　(6)
대기오염　大気汚染　(11)
대표　代表　(1)
대형 할인 매점　ディスカウントショップ　(8)
도전자　挑戦者　(5)
독자　読者　(12)
동료　同僚　(9)
동지　冬至　(8)
두다　置く　(6)
드라이브　ドライブ　(1)
떡국　雑煮　(16)
떨어지다　下がる、落ちる、離れる　(3)
뚜껑을 열다　蓋をあける　(2)

ㄹ
리무진　リムジン（18）
리포트　レポート（1）

ㅁ
마음에 들다　気に入る（7）
마중　迎え（15）
맞다　合う（11）
맞춘 옷　オーダーメイド（19）
매장　売り場（19）
면세점　免税店（17）
명함　名刺（6）
모임　集まり（1）
모자라다　足りない（16）
목이 붓다　喉がはれる（17）
몸조리　健康管理、体に気をつけること（8）
문방구　文房具（7）
물가　物価（4）
민속　民俗（14）
밀다　押す（15）

ㅂ
배낭여행　バックパッカー・バックパッキング（3）
배멀미　船酔い（16）
백합　ゆり（7）
벌써　もう（13）
변경하다　変更する（10）
보약　漢方薬（2）
봉사활동　奉仕活動、ボランティア（1）
부어 오르다　腫れ上がる（11）

부끄럽다　恥ずかしい（16）
분석　分析（14）
분리　分離（13）
불경기　不景気（14）
비결　秘訣（19）
빨갛다　赤い（7）

ㅅ
사계절　四季（6）
사귀다　付き合う（6）
사법고시　司法試験（3）
사이좋게　仲良く（9）
삼국시대　三国時代（11）
삼짇날　桃の節句(年中行事の一つ：旧暦3月3日)（8）
상관　関係、関わり（3）
서늘하다　涼しい（5）
서민적　庶民的（20）
선거　選挙（11）
소문나다　噂になる（8）
소풍　遠足（15）
송금　送金（19）
승진　昇進（8）
시골　田舎（3）
시절　時節、時（6）
시집가다　嫁にいく(結婚する)（9）
신부　新婦（19）
신중하다　慎重だ（12）
실업률　失業率（14）
심각하다　深刻だ（9）
싱겁다　味が薄い（4）

싹 芽 (3)
쏘다 撃つ、射る (15)
쓰레기 ゴミ (13)

ㅇ

야근 夜勤 (11)
야단을 맞다 叱られる (20)
엄하다 厳しい (2)
연기하다 延期する (9)
연 날리기 凧揚げ (18)
연예인 芸能人 (14)
열번 찍어 안 넘어가는 나무 없다 10回切って倒れない木はない：なせばなる (15)
열쇠 鍵 (11)
엿보다 のぞき見る、うかがい知る (20)
영수증 領収証 (19)
오염 汚染 (13)
온천 温泉 (19)
웬 일 どんな用 (3)
이수 履修 (13)
이따가 後で (1)
인내 忍耐 (18)

ㅈ

자세하다 詳しい (2)
잔디 芝生 (10)
잠이 깨다 目が覚める (10)
장마 梅雨 (19)
장미 バラ (7)
재채기 くしゃみ (17)

저출산 低出産 (14)
전문용어 専門用語 (3)
전통놀이 伝統遊び (14)
젊다 若い (11)
정년퇴직 定年退職 (15)
정식 定食 (1)
정이 들다 親しくなる、なじむ (10)
존재 存在 (18)
졸다 うとうとする、居眠りする (15)
줍다 拾う (20)
줄다리기 綱引き (14)
줄을 서다 行列に並ぶ (13)
쥐구멍 ねずみの穴 (16)
진달래 カラムラサキツツジ (17)
집들이 引越し祝いパーティー (3)

ㅊ

채용시험 採用試験 (5)
챔피언 チャンピオン (5)
천재 天才 (2)
철이 없다 分別がない
(철이 들다：物心がつく) (12)
청바지 ジーンズ (7)
추석 中秋(陰暦8月15日) (2)
출세 出世 (3)
치우다 片付ける、整頓する (15)

ㅋ

카트 カート (6)
칼로리 カロリー (12)

ㅌ

탑　塔　(11)
통계　統計　(14)
퇴직　退職　(3)

ㅍ

평화　平和　(13)
팽이 치기　コマまわし　(18)
포기하다　諦める　(15)

ㅎ

한　約、大体　(10)
한산하다　ひっそりしている、閑散としている　(17)
한 살 먹다　1歳年をとる　(16)
한일우호　韓日友好　(13)
한 제　漢方薬を数える単位(1剤は20包)　(2)
한 턱 내다　おごる、ご馳走する　(1)
허전하다　物足りない、心寂しい　(4)
홍차　紅茶　(7)
환영　歓迎　(3)
회화　会話　(13)
희망　希望　(8)
희생　犠牲　(3)

不規則活用

① ㄹ用言	「ㅅ/ㅂ/ㄴ」から始まる語尾が付く活用の際に「ㄹ」パッチムが脱落する。　例 알다 → 아세요?, 살다 → 사는 사람	
② ㅂ不規則	母音から始まる語尾が付く際に「ㅂ」が「우/오」に変わる不規則活用。　例 귀엽다 → 귀여워요, 어렵다 → 어려웠어요 ＊例外 좁다/곱다/입다	
③ ㄷ不規則	母音から始まる語尾が付く際に語幹のパッチム「ㄷ」が「ㄹ」に変わる不規則活用。　例 걷다 →걸어요, 걸어서・묻다→ 물어서 ＊例外 믿다/닫다/받다	
④ ㅡ脱落用言	語幹が「ㅡ」母音で終わる用言が連用形に活用する際、「ㅡ」が脱落する。 例 배가 고프다 → 배가 고파요　　바쁘다 → 바빠요 　　슬프다 → 슬퍼요	
⑤ 르不規則	語幹が「르」で終わる用言が連用形語尾(아/어)に活用する際、「ㅡ」が脱落し、もう一つの「ㄹ」がパッチムにつく。 例 모르다 → 몰라요, 몰랐어요　부르다 → 불러요, 불렀어요	
⑥ ㅅ不規則	語幹の終声(パッチム)の　ㅅ'に母音から始まる語尾が付く際に「ㅅ」が脱落する。 例 낫다 → 나았다　짓다 → 지었어요 ＊例外 웃다/씻다/벗다/빼앗다	

不規則活用の例

原型	아/어/여요	았/었/였어요	아/어/여서	(으)니까	(으)ㄴ/는		-(으)면
① 멀다	멀어요	멀었어요	멀어서	머니까	먼	形	멀면
② 춥다	추워요	추웠어요	추워서	추우니까	추운	形	추우면
③ 듣다	들어요	들었어요	들어서	들으니까	듣는	動	들으면
④ 쓰다	써요	썼어요	써서	쓰니까	쓰는	動	쓰면
⑤ 부르다	불러요	불렀어요	불러서	부르니까	부르는	動	부르면
⑥ 붓다	부어요	부었어요	부어서	부으니까	붓는 부은	現 過	부으면

既習文法のまとめ

1. 助詞

助　詞		例　文
① 〜は	〜는 〜은	저는 대학생입니다. 이것은 무엇입니까?
② 〜が	〜가 〜이	저기가 우체국이에요. 생일이 언제예요?
③ 〜の	〜의	저의(제) 고향은 서울입니다.
④ 〜も	〜도	친구도 같이 갑니다.
⑤ 〜に	〜에	백화점에 갑니다. 오후 1시에 만납니다.
⑥ 〜で 〜から	〜에서	백화점에서 쇼핑합니다. 일본에서 왔어요.
⑦ 〜を	〜를 〜을	일요일에는 영화를 봅니다. 주말에 무엇을 합니까?
⑧ 〜と	〜와 〜과 〜하고	사과와 배를 삽니다. 책상 위에 연필과 노트가 있어요. 구두하고 가방을 샀어요.
⑨ 〜から 〜まで	〜부터 〜까지	아침 9시부터 오후 5시까지 일합니다. 내일부터 금요일까지 기말 시험입니다.
⑩ 〜から 〜まで	〜에서 〜까지	집에서 회사까지 얼마나 걸립니까? 서울에서 인천까지 가깝습니다.
⑪ 〜に	〜에게 〜한테	누나에게 전화를 합니다. 친구한테 편지를 보냅니다.
⑫ 〜から	〜에게서 〜한테서	친구에게서 메일이 왔습니다. 동생한테서 연락이 왔어요.
⑬ 〜で	〜로 〜으로	학교에 버스로 갑니다. 회사에는 지하철로 다녀요. 밥을 숟가락으로 먹습니다.

2. 文法

文　法		例　文
① ～ではない	～가 아니다 ～이 아니다	그는 의사**가 아닙니다**. 저는 학생**이 아니에요**.
② ～です/ます	～ㅂ니다 ～습니다	저는 밤 10시에 **잡니다**. 집이 학교에서 **멉니까**? 오늘은 날씨가 **좋습니다**.
③ ～です/ます	～아/어/여/워요	공원에 사람이 많**아요**. 도서관에서 책을 읽**어요**. 한국에서 일본어를 가르**쳐요**. 김치가 너무 매**워요**.
④ ～です	～입니다 ～예요 ～이에요	여기는 도서관**입니다**. 제 취미는 독서**예요**. 서울이 고향**이에요**?
⑤ ～(し)て/～くて	～고 ～이고	아침 식사를 하**고** 커피를 마십니다. 이건 교과서**이고** 저건 참고서입니다.
⑥ ～けれども/ ～だが	～지만 ～이지만	한국어는 어렵**지만** 재미있어요. 한국사람**이지만** 일본어를 잘해요.
⑦ ～(し)ない/ ～くない	(1) ～지 않다 (2) 안	내일은 학교에 가**지 않습니다**. 내일은 학교에 **안** 갑니다.
⑧ ～(する)こと ができない	(1) ～지 못하다 (2) 못	저는 피아노를 치**지 못합니다**. 저는 피아노를 **못** 칩니다.
⑨ ～される/ お～になる	～십니다/～세요 ～으십니다/～으세요	할아버지께서 신문을 보**십니다**./보**세요**. 거실에서 책을 읽**으십니다**./읽**으세요**.
⑩ ～(し)ました/ ～でした	～았/었/였/웠습니다 /～았/었/였/웠어요	생일에 선물을 많이 받**았어요**. 친구와 같이 사진을 찍**었어요**. 역에서 친구를 기다**렸어요**. 어제는 너무 추**웠어요**.
⑪ ～でした	～였습니다/～였어요 ～이었습니다/～이었어요	그는 프로 야구 선수**였어요**. 전에 선생님**이었어요**.

⑫ ～(し)なさい	～십시오/～세요 ～으십시오/～으세요	이쪽으로 오십시오./오세요. 여기에 앉으십시오./앉으세요.
⑬ ～(し)てください	～아/어/여 주십시오 /～아/어/여 주세요	조금 깎아 주십시오./깎아 주세요. 창문을 열어 주십시오./열어 주세요. 저에게도 가르쳐 주십시오./가르쳐 주세요.
⑭ ～(し)ている	～고 있다	지금 카페에서 커피를 마시고 있어요.
⑮ ～(し)たい	～고 싶다	저는 컴퓨터를 배우고 싶어요.
⑯ ～(し)にいく	～러 가다 ～으러 가다	언니와 함께 구두를 사러 가요. 은행에 돈을 찾으러 가요.
～(する)ことができる /～できない	～ㄹ 수 있다/없다 ～을 수 있다/없다	스키를 탈 수 있어요. 저는 한국요리를 만들 수 있어요. 그 사실을 믿을 수 없어요.

3. 疑問詞

疑 問 詞		例 文
① いつ	언제	A : **언제** 서울에 갑니까? B : 토요일에 갑니다.
② どこ	어디	A : 화장실이 **어디**에 있어요? B : 2층 계단 앞에 있어요.
③ だれ	누구	A : 이 분은 **누구**입니까? B : 우리 선생님입니다.
④ だれが	누가	A : 이 문제 **누가** 하겠습니까? B : 제가 하겠습니다.
⑤ 何	무엇	A : 이번 주말에 **무엇**을 합니까? B : 친구를 만납니다.
⑥ 何(幾つ)	몇	A : **몇** 살입니까? B : 열 아홉 살입니다.
⑦ 何の/どんな	무슨	A : 오늘은 **무슨** 요일입니까? B : 목요일입니다.

⑧ どのように	어떻게	A : 학교까지 **어떻게** 가요? B : 버스로 가요.
⑨ どのような	어떤	A : **어떤** 음식을 좋아해요? B : 저는 한국음식을 좋아해요.
⑩ いくら	얼마	A : **얼마**예요? B : 25,000원이에요.
⑪ なぜ	왜	A : 어제 **왜** 안 왔어요? B : 일이 바빴어요.

4. その他

その他		例　文
① ～くらい(ぐらい)	～쯤	지금**쯤** 도착했겠지요.
② ～くらい(ぐらい) 　～程度	～정도	여기서 10분 **정도** 걸립니까? 그 **정도**가 아주 좋아요.
③ ～頃	～경	그럼 12시 **경**에 역 앞에서 만나요.
④ ～ぶり 　～だけ	～만	오랜**만**입니다. 조금**만** 더 주세요.
⑤ ～だけ/ばかり	～뿐	저는 이것**뿐**입니다.
⑥ ～しか	～밖에	천 원**밖에** 없어요.
⑦ ～より　～もっと	～보다　～더	기차**보다** 비행기가 **더** 빠릅니다.

岡山善一郎
(前)天理大学　教授

韓在熙
四天王寺大学　教授

韓国語を学ぶ2

2012 年　 4 月　25 日　初版発行
2022 年　10 月　20 日　 2 刷発行

著　者　　岡山善一郎・韓在熙
発行者　　佐藤和幸
発行所　　株式会社　白帝社
　　　　　〒 171-0014 東京都豊島区池袋 2-65-1
　　　　　電話 03-3986-3271　FAX 03-3986-3272
　　　　　http://www.hakuteisha.co.jp
組版　　世正企劃
印刷・製本　　大倉印刷

Printed in Japan〈検印省略〉　　ISBN978-4-86398-098-3
　　　　　　　　　　　　　　　＊定価は表紙に表示してあります。